A mi madre y abuelos por inculcarme buenos valores. Y a todos aquellos profesionales del derecho de los que he aprendido de sus consejos y conocimientos.

ÍNDICE

ABREVIATURAS

Acuerdo ADPIC	Acuerdo sobre los Aspectos de los Derechos de Propiedad Intelectual relacionados con el Comercio, de 15 de abril de 1994
AEDIPr	Anuario español de Derecho Internacional Privado
ap./apds.	Apartado/s
Arreglo de Madrid	Arreglo de Madrid del 14 de abril de 1891, texto revisado en Estocolmo el 14 de julio de 1967
Art./art./arts.	Artículo/artículo/artículos
B2B	*Business To Business/* de empresa a empresa
B2C	*Business To Consumer/* de la empresa al consumidor
BOE	Boletín Oficial del Estado
C2C	*Consumer To Consumer/* de consumidor a consumidor
c.	contra
CBe	Convenio de Berna para la Protección de las Obras Literarias y Artísticas, texto revisado de 1971
CE	Comunidad Europea
CEF	Centro de Estudios Financieros
CEFI	Centro de Estudios para el Fomento de la Investigación
Cit./cit.	Citado
CL	Convenio relativo a la Competencia Judicial y a la Ejecución de Resoluciones Judiciales en materia civil y mercantil, firmado en Lugano el 15 de octubre de 2007
Corp./corp.	*Corporation*

CP	Código Postal
CUP	Convenio de la Unión de París, de 20 de mayo de 1883, texto revisado en Estocolmo en 1967
DMCA	*Digital Millennium Copyright Act*, de 28 de octubre de 1998, de los EE.UU
DO	Diario Oficial
DOCE	Diario Oficial de la Comunidad Europea
DOUE	Diario Oficial de la Unión Europea
Ed.	Editorial
EE.UU	Estados Unidos de América
FJ	Fundamento Jurídico
GA&P	Gómez Acebo y Pombo
ICANN	*Internet Corporation for Assigned Names and Numbers/* Corporación para la Asignación de Números y Nombres de Internet
IMPIVA	Instituto de la Mediana y Pequeña Industria Valenciana
INDECOPI	Instituto Nacional de Defensa de la Competencia y de la Protección de la Propiedad Intelectual, del Estado peruano.
ISP	*Internet Service Provider*
IPPS	*Intellectual Property Protection System/* Sistema de Protección de la Propiedad Intelectual
ISO	*International Organization for Standardization/* Organización Internacional de normalización.
LEC	Ley 1/2000, de 7 de enero, de Enjuiciamiento Civil

LM	Ley 17/2001, de 7 de diciembre, de Marcas
Loc./loc. Cit./cit.	Loco citatum/ citado anteriormente
LOPJ	Ley Orgánica 6/1985, de 1 de julio, del Poder Judicial
LPI	Ley de Propiedad Intelectual (Texto refundido aprobado por Real Decreto Legislativo 1/1996, de 12 de abril)
MC	Marca Comunitaria
MUE	Marca de la Unión Europea
NASDAQ	*National Association of Securities Dealers Automated Quotation/* Índice bursátil en el que cotizan las empresas tecnológicas en los Estados Unidos.
nº./núm.	número
NYSE	*New York Stock Exchange/* Bolsa de Valores de Nueva York
OAMI/OHIM	Oficina para la Armonización del Mercado Interior (nueva OPIUE)/Office for Harmonization in the Internal Market
OCDE	Organización para la Cooperación y el Desarrollo Económico
OEPM	Oficina Española de Patentes y Marcas
OMC/GATT	Organización Mundial del Comercio/*General Agreement on Tariffs and Trade*
OMPI/WIPO	Organización Mundial de la Propiedad Intelectual/*World Intellectual Property Organization*
op. cit.	obra citada/*opus citatum*
OPIUE/EUIPO	Oficina de Propiedad Intelectual de la Unión Europea/European Unión Intellectual Property Office

OPV	Oferta Pública de Venta
p./pág.	Página
P.I.	Propiedad Intelectual
pp.	páginas
RAE	Real Academia Española
RBIbis	Reglamento UE nº. 1215/2012, relativo a la competencia judicial, el reconocimiento y la ejecución de resoluciones judiciales en materia civil y mercantil
REEI	Revista Electrónica de Estudios Internacionales
RGD	Revista General del Derecho
RJ	Repertorio de Jurisprudencia
RJDE	Revista Jurídica de Deporte y Entretenimiento
RMC	Reglamento CE nº. 207/2009, de 26 de febrero de 2009, sobre la Marca Comunitaria
RMUE	Reglamento UE nº. 2015/2424 del Parlamento Europeo y del Consejo de 16 de diciembre de 2015
RRII	Reglamento CE nº. 864/2007, de 11 de julio de 2007 sobre la Ley aplicable a las Obligaciones Extracontractuales (Reglamento Roma II)
S.L	Sociedad de Responsabilidad Limitada
SMS	Servicio de Mensajes Simples
STJCE	Sentencia del Tribunal de Justicia de las Comunidades Europeas
STJUE	Sentencia del Tribunal de Justicia de la Unión Europea
SSTJUE	Sentencias del Tribunal de Justicia de la Unión Europea

STS	Sentencia del Tribunal Supremo
TDA/WCT	Tratado de la OMPI sobre Derecho de Autor, hecho en Ginebra el 20 de diciembre de 1996/*WIPO Copyright Treatry*
TIEF	Tratado de la OMPI sobre Interpretación, Ejecución y Fonogramas, adoptado en Ginebra el 20 de diciembre de 1996, ratificado por España el 18 de junio de 2010
TS	Tribunal Supremo
UAIPIT	*University of Alicante Intellectual Property and Information Technology*
UE	Unión Europea
VeRO	*Verified Rights Owner/* titular de derechos verificado
vs./v.	*versus*
Vol.	Volumen

1.- INTRODUCCIÓN

Cada segundo se están produciendo en el mundo miles de infracciones de derechos de propiedad industrial e intelectual a través de Internet. Y ello es debido a que, con los avances de la tecnología, el desarrollo del comercio electrónico y el surgimiento de grandes plataformas de compraventa en línea, como por ejemplo Amazon o eBay, Internet está pasando a ser un centro comercial o un mercadillo virtual en donde se produce todo tipo de transacciones, ya sea de productos o de servicios.

Otros factores que facilitan la venta de falsificaciones, copias o imitaciones a través de los medios electrónicos son principalmente:

- el bajo coste por mantenimiento de una página web, en comparación a una tienda física,
- el anonimato proporcionado a los usuarios, y
- el acceso instantáneo y simultáneo a los materiales que infringen los derechos sobre los signos distintivos y los derechos de autor, desde cualquier parte del mundo.

Todo esto supone un gran desafío para la protección de los derechos de propiedad industrial e intelectual.

Dada la importancia de este tema, ha salido a la luz, en abril de 2016, un informe realizado por la OCDE y la EUIPO referente al "Comercio de los productos falsificados y pirateados, y su impacto económico en los diferentes países del mundo".[1] Situando a España como el décimo país más afectado.

---

[1] El Informe completo puede consultarse en: https://euipo.europa.eu/tunnel-web/secure/webdav/guest/document_library/observatory/documents/Mapping_the_Economic_Impact_study/Mapping_the_Economic_Impact_en.pdf [Consulta: 9 septiembre 2016]. El Diario ABC facilita un breve resumen acerca de los principales temas tratados en el Informe realizado por la OCDE y por la EUIPO. Disponible en la página web: http://www.abc.es/economia/abci-falsificaciones-cuando-barato-sale-caro-201604250126_noticia.html [Consulta: 9 septiembre 2016].

Del informe se desprende que hay una gran preocupación y una necesidad generalizada de buscar nuevos mecanismos técnicos y jurídicos, eficaces para la protección de los derechos de propiedad industrial e intelectual en el entorno digital.

En este libro se realiza un estudio de los aspectos internacionales del régimen jurídico de protección de los derechos sobre las marcas y los derechos de autor, frente a las infracciones cometidas por terceros no autorizados, en el ámbito de Internet.

Y con el fin de dar una perspectiva más práctica, partimos de un caso en el que un laboratorio médico se ve abocado a tener que afrontar el problema de las falsificaciones y copias en el ámbito de Internet; y se plantean las siguientes preguntas al respecto:

> ¿Qué jurisdicción sería la competente en caso de conflicto?
> ¿Cuál sería la ley aplicable?
> ¿Cuáles serían las diferentes maneras de proceder a luchar contra las copias y falsificaciones en Internet?
> ¿Cuál sería la manera más rápida de eliminar el material infractor? y
> ¿Qué medida de protección sería la más económica?

El objetivo de esta obra es averiguar y analizar los mecanismos novedosos y extrajudiciales para la resolución de controversias, en materia de derechos de Marcas y Derechos de Autor, en el ámbito de Internet. Ya que apenas hay estudios realizados sobre estos temas.

2.- LAS FALSIFICACIONES EN INTERNET: ACERCAMIENTO AL PROBLEMA

Andromedical S.L domiciliada en Madrid. Es un laboratorio urológico con más de 18 años de experiencia en este sector, dedicado exclusivamente al desarrollo de tratamientos para mejorar la salud masculina. Distribuye sus productos en todo el mundo. Cuenta con numerosos estudios científicos y con el respaldo de un prestigioso Comité Médico. Tiene muchos clientes tanto a nivel nacional como internacional. Para la venta y distribución de sus productos dispone de varias páginas web en diferentes países. Cuenta con almacén en España, EE.UU y Hong Kong.

Como se puede comprobar en su Web (www.andromedical.com/es/patents/)[2] dispone de las patentes y marcas de sus principales productos en muchos países del mundo.

Desde hace varios años viene colaborando con la clínica "UROTEST-MEN". En enero de 2013 dicha clínica se reúne con la empresa Andromedical S.L, y le comenta que su personal encargado de realizar las gestiones relacionadas con los productos que le suminista la empresa, han comprobado que en internet aparecen otros productos similares al suyo y más baratos. La clínica solicita a Andromedical S.L que le explique qué diferencias hay entre esos productos y el suyo (ya que debido a la crisis la clínica está buscando formas de reducir sus gastos, pero sin perder la calidad). Andromedical S.L le dice que realizará un estudio sobre ello y en las siguientes semanas le comunicará el resultado.

---

[2] Consulta: 11 septiembre 2016.

Andromedical indaga y descubre que los productos a los que se refería la UROTEST-MEN son copias y falsificaciones de su producto. Hasta ese momento la empresa no se había percatado de dicha circunstancia. Y comprueba que en el mercado a través de Internet existe una cantidad importante de anuncios de distintas páginas *web*, a nivel mundial, que están vendiendo falsificaciones, copias e imitaciones de sus productos. A partir de ese momento, se da cuenta de porqué en los últimos años las ventas se habían descendido gradualmente cada año.

Andromedical se dirige a su despacho especializado en Propiedad Industrial e Intelectual, para recibir un asesoramiento acerca de qué acciones podría tomar para que se eliminaran esos productos de los buscadores, Marketplace y redes sociales.

Ante este problema su despacho se plantea lo siguiente:

Al tratarse de productos que se venden a través de internet ¿Qué jurisdicción sería la competente en caso de conflicto? ¿Cuál sería la ley aplicable? ¿Cuáles serían las diferentes maneras de proceder a luchar contra las copias y falsificaciones en Internet? ¿Cuál sería la manera más rápida de eliminar el material infractor? y ¿Qué medida de protección sería la más económica?

En los sucesivos capítulos se irán analizando cada una de estas cuestiones.

Antes de continuar, es importante tener muy claro los siguientes conceptos:

PIRATERÍA:

El término "Piratería" abarca la reproducción y distribución de copias de obras protegidas por el derecho de autor, así como su transmisión al público o su puesta a disposición en redes de comunicación en línea, sin la autorización de los propietarios legítimos, cuando dicha autorización sea necesaria legalmente. El Acuerdo ADPIC, recoge la definición de piratería en su artículo 51, nota a pie de página 14, b):

> "se entenderá por <<**mercancías pirata que lesionan el derecho de autor**>> cualesquiera copias hechas sin el consentimiento del titular del derecho o de una persona debidamente autorizada por él en el país de producción y que se realicen directa o indirectamente a partir de un artículo cuando la realización de esa copia habría constituido infracción del derecho de autor o de un derecho conexo en virtud de la legislación del país de importación".

FALSIFICACIÓN:

Es la acción de transformar o convertir algo para que parezca a lo auténtico, con el objetivo de conseguir un beneficio económico, a través del engaño, sin que pueda distinguirse en los aspectos esenciales del producto original. El Acuerdo ADPIC, recoge la definición de falsificación en su artículo 51, nota 14, a):

> "se entenderá por **<<mercancías de comercio falsificadas>>** cualesquiera mercancías, incluido el embalaje que lleven puesta sin autorización, una marca de fábrica o de comercio idéntica a la marca válidamente registrada para tales mercancías, o que no pueda distinguirse en sus aspectos esenciales de esa marca, y que de ese modo lesione los derechos que al titular de la marca de que se trate otorga la legislación del país de importación".

RÉPLICA:

Es la copia exacta que se hace de una obra o producto, siempre que haya sido realizada legalmente. Si se produce sin autorización por parte del propietario, pues se trataría de una falsificación.

PLAGIO/COPIA:

Tal y como establece Ignacio Temiño en su libro <<El Plagio en el Derecho de Autor>>[3]: "se ha de entender por plagio, aquella actividad que consiste en copiar o reelaborar, con escasa originalidad, una obra de un tercero protegida por un derecho de autor, atribuyendo la autoría de la misma o de la fracción copiada, de forma expresa o tácita".

IMITACIÓN:

La RAE la define como "Objeto que imita o copia a otro, normalmente más valioso". Esta puede ser completamente legal. En la imitación se mantiene la identidad y la caracterización del imitador, mientras que en la falsificación se suplanta la identidad del autor y de sus marcas.

---

[3] *Véase* Temiño Ceniceros, I., *El Plagio en el Derecho de Autor,* 1ª Edición, Ed. Aranzadi S.A, Navarra, 2015, pp.45-66.

3.- RÉGIMEN NORMATIVO: PROTECCIÓN MARCAS Y DERECHOS DE AUTOR A NIVEL INTERNACIONAL, INTRACOMUNITARIO E INTERNO

En este capítulo se analiza las diferentes normas en materia de marcas y derechos de autor, con la finalidad de saber a qué textos jurídicos acudir a la hora de proceder a la defensa de estos derechos.

3.1. MARCAS

❖ Concepto[4]

La definición de marca y signos distintivos se recoge en los artículos 4.1 de la Ley 17/2001, de 7 de diciembre, de Marcas (en adelante LM)[5] y artículo 4 Reglamento UE nº. 2424/2015 del Parlamento Europeo y del Consejo de 16 de diciembre de 2015 (en adelante RMUE)[6]. Es el mecanismo básico para la tutela de los signos distintivos. Es una modalidad de derecho de propiedad industrial que permite distinguir en el mercado los productos o servicios de una empresa. Es decir, tiene una función individualizadora, en el sentido de que sirve para distinguir los productos o servicios de otros idénticos o semejantes.

Los elementos que podrán integrar el signo que se adopte como marca puede ser cualquiera, y en particular: las palabras o combinaciones de palabras, incluidos los nombres de personas; los dibujos, las imágenes, figuras, símbolos y gráficos; las letras, las cifras, los colores; las formas tridimensionales, la forma del producto o de su embalaje; los sonidos, vídeos, hologramas; así como cualquier combinación de estos signos, con la condición de que tales signos sean apropiados para:

> 1º) distinguir los productos o los servicios de una empresa de los de otras empresas;

---

[4] *Véase* Sánchez Calero, F., y Sánchez-Calero Guillarte, J., *Instituciones de Derecho Mercantil*, 37ª Edición, Ed. Aranzadi, Navarra, Vol. I, 2015, pp. 279-280.
[5] BOE núm. 294, de 8 de diciembre de 2001. Art. 4.1 LM: "Se entiende por marca todo signo susceptible de representación gráfica que sirva para distinguir en el mercado los productos o servicios de una empresa de los de otras".
[6] DOUE L 341 de 24.12.2015. Art. 4 RMUE: "Podrán constituir marcas de la Unión cualesquiera signos, en particular, las palabras, incluidos los nombres de personas, los dibujos, las letras, las cifras, los colores, la forma del producto o de su embalaje, o los sonidos, con la condición de que tales signos sean apropiados para: a) distinguir los productos o los servicios de una empresa de los de otras empresas; b) ser representados en el Registro de Marcas de la Unión Europea (en adelante el Registro) de manera que permita a las autoridades competentes y al público en general determinar el objeto claro y preciso de la protección otorgada a su titular".

2º) ser representados en el Registro de Marcas correspondiente, de manera que permita a las autoridades competentes y al público en general determinar el objeto claro y preciso de la protección otorgada a su titular.

La jurisprudencia ha fijado en diferentes sentencias que: se ha de situar en primer lugar, la protección del consumidor normal, tratándole de evitar confusión y garantizarle la mejor calidad a la hora de elegir el producto o servicio; y en un segundo lugar, pues, se protege el derecho del titular inscrito impidiendo que una competencia desleal, en la que un tercero pueda aprovecharse del prestigio adquirido por otra marca, así como el desembolso realizado para su difusión en el mercado.[7] Además el Tribunal de Justicia de la Unión Europea establece que para apreciar que exista infracción de marca, resulta determinante que el uso del signo por el tercero no autorizado, menoscabe alguna de las funciones de la marca. Tales funciones son las siguientes: "indicadora de la procedencia empresarial de los bienes y de su calidad (suele denominarse función de origen); utilizar la marca para adquirir o conservar una reputación que permita atraer a los consumidores y ganarse una clientela fiel (suele denominarse función de inversión); y en tercer lugar estaría la función publicitaria".[8]

❖ **Clasificación[9]**

En la LM podemos encontrar diferentes tipos de marcas. Pero con respecto a las infracciones cometidas en el entorno digital se han de destacar las siguientes:

a) Marca de producto: sirve para la identificación de un

---

[7] Véase: STJUE de 12 de julio de 2011, C-324/09, *L'Oréal*; STJUE de 23 de marzo de 2010, C-236/08 a C-238/08, *Google France y Google*; y STJUE de 22 de septiembre de 2011, C-323/09, *Interflora*.

[8] *Véase.* Fernández Rozas, J. C., Arenas García, R., y De Miguel Asensio, P. A., *Derecho de los Negocios Internacionales*, Quinta edición, Ed. Iustel Portal Derecho, Madrid, 2016, pág. 84; y sentencias, antes citadas, *Google France y Google*, apartados 81 a 98, *Interflora*, apartados 44 a 66, y *L'Oréal*, apartados 84, 86, 87, 89, 91 y 97.

[9] *Véase.* Sánchez Calero, F., y Sánchez-Calero Guillarte, J., *Instituciones...*, *op. cit.*, pp. 280-281.

concreto producto fabricado por el empresario.

b) Marca de servicio: hace referencia a una determinada actividad prestada por el empresario.

c) La marca notoria o renombrada[10]: es aquella que, aun cuando no esté registrada es conocida notoriamente en un País o Estado (en este caso España) por los sectores interesados. El artículo 8.1 y 2 LM establece que se considera que tiene notoriedad o renombre aquellos signos que son objeto de general conocimiento por el público al que se destinan los productos o servicios que identifican. Además el artículo 34.5 LM establece que: se le reconocen a la marca notoria o renombrada los mismos derechos que el titular de una marca registrada. Destacar que con la Directiva 2015/2436 desaparece el concepto de *marca notoria* y pasa a denominarse únicamente marca o nombre comercial renombrados.

d) Las marcas internacionales: según el artículo 79 LM, son aquellas que derivan del registro internacional efectuado de acuerdo con normas internacionales[11], de las que se admite que surta efecto en España siempre que así lo haya solicitado expresamente su titular.

e) La Marca Comunitaria o Marca de la Unión Europea[12]: es aquella sometida al Reglamento UE n°. 2424/2015 del Parlamento Europeo y del Consejo, de 16 de diciembre de 2015, por el que se modifica el

---

[10] *Véase*. Fernández Masiá, E., "La protección internacional de las marcas notorias y renombradas", *Revista Electrónica de Estudios Internacionales (REEI)*, n°. 2, 2001, disponible en: https://dialnet.unirioja.es/servlet/articulo?codigo=826761 y en www.reei.org [consulta: 13 septiembre 2016].

[11] Como por ejemplo el Arreglo de Madrid de 14 de abril de 1891, relativo al Registro Internacional de Marcas y el Protocolo concerniente al Arreglo de Madrid de 27 de junio de 1989.

[12] Debido a la reforma del Reglamento CE n°. 207/2009 del Consejo de 26 de febrero de 2009 sobre la Marca Comunitaria, por el Reglamento UE n°. 2424/2015 del Parlamento Europeo y del Consejo de 16 de diciembre de 2015.

Reglamento CE n°. 207/2009, de 26 de febrero de 2009, sobre la Marca Comunitaria (en adelante RMC). En su artículo 4 RMUE se recoge la definición de Marca de la Unión Europea, que es muy similar a la definición establecida por el artículo 4 de la Ley de Marcas antes mencionado. Lo que tiene de particular es que ofrece a su titular una protección que abarca a toda la Unión Europea. En el artículo 84 y siguientes de la LM, se establece que la Marca de la Unión Europea puede ser presentada en la Oficina Española de Patentes y Marcas (en adelante OEPM), y dicha solicitud puede ser transformada posteriormente en una solicitud de marca nacional.

3.1.1.- Normas para la protección de las Marcas

1°) Internacionales

Este apartado se centra en el estudio de las normas internacionales más importantes con respecto a los derechos sobre las marcas.

a) Convenio de la Unión de París

El Convenio de la Unión de París (en adelante CUP), fue aprobado el 20 de marzo de 1883 y revisado en Estocolmo en 1967. Es el primer convenio multilateral[13] en el ámbito de la propiedad industrial y vincula a 177 países[14]. Incluye todas las modalidades de derechos de propiedad industrial, las denominaciones de origen y la tutela de la competencia desleal (art. 1.2 CUP).

---

[13] Convenio de la Unión de París para la protección de la propiedad industrial de 1883, revisado en Estocolmo en 1967 y ratificado por España en 1974, (BOE núm. 26, de 30 de enero de 1974).

[14] En la siguiente web podemos ver los distintos países contratantes y cuándo se han adherido al Convenio: http://www.wipo.int/treaties/es/ShowResults.jsp?treaty_id=2 [consulta: 28 julio 2018].

Su objetivo es armonizar las legislaciones de los países que son parte de este convenio, partiendo de tres principios que son fundamentales para tal fin:

- o En su artículo 2 establece el principio de tratamiento nacional, en el que, los nacionales de cada uno de los países de la Unión, así como quienes tengan su residencia o establecimiento en uno de estos países[15], gozarán en todos los demás países miembros del mismo nivel de protección de la propiedad industrial, que los propios nacionales del país para el que se solicita la tutela.

- o En su artículo 4 establece el principio del tratamiento unionista al que va asociado el derecho de prioridad, conforme al cual, el solicitante de un derecho de propiedad industrial en un país de la Unión, goza de un determinado plazo para solicitar con prioridad el mismo derecho, en los demás países de la Unión. Y para asegurar la armonización del principio de prioridad unionista, pues, se ha trasladado a las leyes nacionales y supranacionales (lo podemos comprobar en el art. 14 LM[16], y en el art. 29 RMC/RMUE[17]).

- o Y en su artículo 6 quinquies incluye la protección *telle quelle* (tal cual es) de la marca. La protección *telle quelle* significa que las marcas válidas en el país de origen deben ser registradas sin modificaciones en los demás países unionistas, salvo supuestos excepcionales, facilitando así el registro en otros países de las marcas.

---

[15] En su art. 3 CUP establece la asimilación: "Quedan asimilados a los nacionales de los países de la Unión aquellos nacionales de países que no forman parte de la Unión que estén domiciliados o tengan establecimientos industriales o comerciales efectivos y serios en el territorio de alguno de los países de la Unión".
[16] En el art. 14 LM se recoge el Derecho de prioridad unionista.
[17] Se mantiene en el mismo art. 29 en el nuevo RMUE.

En su artículo 6 bis fija la protección internacional de las marcas notoriamente conocidas, estableciendo lo siguiente: los países de la Unión se comprometen a rehusar o invalidar el registro y a prohibir el uso de una marca susceptible de crear confusión con una marca notoriamente conocida en el país en el que se pretende registrar o usar para productos idénticos o similares.

b) ADPIC

Es el Acuerdo sobre los Aspectos de los Derechos de Propiedad Intelectual relacionados con el Comercio, hechos en Marrakech el 15 de Abril de 1994. Este acuerdo hace referencia a los derechos de propiedad intelectual, en sentido amplio,[18] relacionados con el comercio, garantizando así una mejor protección a nivel internacional de esos derechos.

Surgió en la Ronda Uruguay del GATT (actualmente OMC)[19], en la octava reunión entre diferentes países con el fin de negociar la política de aranceles y de la liberación de los mercados a nivel mundial; tales negociaciones empezaron en Punta del Este (Uruguay) en 1986 y concluyó en Marrakech (Marruecos) el 15 de diciembre de 1993. Hay que tener en cuenta que la mayoría de los acuerdos de la OMC son resultado de las negociaciones de la Ronda de Uruguay, de 15 de abril de 1994[20], que se firmaron en la Conferencia Ministerial de Marrakech.

Lo relevante de este acuerdo es que proporciona a los Estados de la OMC la posibilidad de exigir su cumplimiento a los demás Estados miembros (art. 64 ADPIC)[21].

---

[18] Abarcando así los derechos de propiedad industrial, los derechos de autor y los derechos conexos.

[19] Organización Mundial del Comercio (en adelante OMC).

[20] Es ratificado por España el 30 de diciembre de 1994 (BOE núm. 20 de 24 de enero de 1995, vigencia desde el 1 de enero de 1995).

[21] Cuando un Estado miembro de la OMC no cumple con el Acuerdo ADPIC el art. 64 ADPIC establece un sistema de solución de controversias: "para las consultas y la solución de las diferencias en el ámbito del mismo serán de aplicación las disposiciones de los artículos XXII y XXIII del GATT de 1994, desarrolladas y aplicadas por el Entendimiento sobre Solución de Diferencias".

El Acuerdo ADPIC también recoge, como hemos visto en el punto anterior referente al CUP, el principio del trato nacional (art. 3 ADPIC). Además recoge un principio innovador como es el principio de nación más favorecida en su artículo 4 ADPIC, estableciendo lo siguiente: "...con respecto a la protección de la propiedad intelectual, toda ventaja, favor, privilegio o inmunidad que conceda un Miembro a los nacionales de cualquier otro país, se otorgará inmediatamente y sin condiciones a los nacionales de todos los demás Miembros, el mismo trato más favorable". En su Parte III (arts. 41-61) se recoge la obligación de los Estados parte, de establecer en las respectivas legislaciones nacionales, procedimientos administrativos y judiciales en los distintos órdenes jurisdiccionales, en particular el civil y penal; para garantizar así la protección de la propiedad industrial e intelectual.

Con respecto a las actividades infractoras, los artículos 44 a 46 ADPIC, establecen que, las autoridades judiciales han de estar facultadas para: adoptar medidas de cesación de la actividad infractora; para ordenar el pago del resarcimiento de los daños causados y de los gastos judiciales; y para ordenar la retirada de las mercancías infractoras.

Destacar que el Acuerdo ADPIC es importante a la hora de interpretar la legislación de los países miembros, por ejemplo, en el apartado 49 de la STJUE de 14 de diciembre de 2000, C-300/98 y C-392/98, *Dior*, y en el apartado 35 de la STJUE de 13 de septiembre de 2001, *C-89/99, Schieving-Nijstad*, se ha establecido que: "las autoridades judiciales de los Estados miembros están obligadas en virtud del Derecho comunitario, cuando hayan de aplicar normas en materias reguladas por el ADPIC, a tener en cuenta el tenor literal y la finalidad de las normas del Acuerdo ADPIC".

c) Arreglo de Madrid

Hace referencia al registro internacional de marcas, que fue adoptado el 14 de abril de 1891 y revisado en Estocolmo el 14 de julio de 1967.[22] Éste trata de facilitar que una marca registrada en el país de origen pueda ser registrada y protegida en todos los demás países parte del Arreglo, mediante el depósito de la marca en la Oficina Internacional[23]. Su protocolo es muy importante ya que forman parte de él 101 países, incluidos EE.UU, China, Rusia, la UE y otros; mientras que del Arreglo de Madrid son parte 55 países, de entre los que no figura EE UU[24]. El protocolo permite a la OPIUE[25] (antigua OAMI)[26], encargada de la concesión de marcas de la UE, que pueda ser designada en el registro internacional de marcas. Y 4también puede ser la oficina de origen cuando los solicitantes o titulares de las marcas comunitarias desean extender su protección a países extracomunitarios.

---

[22] Arreglo de Madrid relativo al registro internacional de marcas, de 14 de abril de 1891, revisado en Estocolmo el 14 de julio de 1967 y modificado el 28 de septiembre de 1979. La revisión de Estocolmo fue ratificada el 6 de marzo de 1979 (BOE núm. 147, de 20 de junio de 1979). El Protocolo concerniente al Arreglo de Madrid relativo al Registro Internacional de Marcas, fue adoptado el 27 de junio de 1989. *Véase.* "El Sistema de Madrid para el Registro Internacional de Marcas, informe de 2011, realizado por la OMPI", disponible en la sección de publicaciones: http://www.wipo.int/edocs/pubdocs/es/marks/940/wipo_pub_940_2011.pdf; y la "Reseña anual del Sistema de Madrid: Registros internacionales de marcas, OMPI, 2013", disponible en la sección de publicaciones: http://www.wipo.int/edocs/pubdocs/es/marks/940/wipo_pub_940_2013.pdf [consulta: 14 septiembre 2016].

[23] La Oficina Internacional está gestionada por la OMPI, que tiene su sede en Chemin des Colombettes, 34, CH-1211, Ginebra, 20, Suiza. Ésta cuando recibe una solicitud internacional de una oficina de origen, la OMPI comprueba que se satisfacen todos los requisitos para la presentación de una solicitud y que los productos y servicios han sido clasificados correctamente. En caso afirmativo, se registra la marca en el Registro Internacional y la publica en la Gaceta Internacional. Y posteriormente la Oficina Internacional notifica el registro internacional a las Oficinas de los países designados. En el artículo 11 del Arreglo de Madrid se fijan cuáles son las funciones de la Oficina Internacional.

[24] En la siguientes webs podemos ver los países parte:
http://www.wipo.int/treaties/es/ShowResults.jsp?lang=es&treaty_id=21 y
http://www.wipo.int/treaties/es/ShowResults.jsp?lang=es&treaty_id=8 [consulta: 30 julio 2018].

[25] Oficina de la Unión Europea para la Propiedad Industrial

[26] Oficina para la Armonización del Mercado Interior.

La solicitud de una marca internacional se presenta en la oficina del territorio de origen, luego se traslada a la Oficina Internacional[27] y por último a las demás administraciones en donde se pretenda registrar la marca. Para solicitar ese procedimiento, en el caso de España, es necesario acudir a los artículos 81 y 82 de la LM, en los que se exige un control previo por parte de la OEPM, de que el solicitante esté legitimado para solicitar el registro internacional y de que el contenido de la solicitud internacional coincida con los de la marca o la solicitud nacional. Por otro lado, si se solicita directamente el registro internacional de una marca por la vía del Arreglo de Madrid, se extenderá sus efectos automáticamente a los Estados miembros (art. 79 LM).

Hay que destacar que el sistema del Arreglo de Madrid no crea derechos de exclusiva de alcance internacional ni da lugar a una protección uniforme a nivel internacional, sino que únicamente trata de facilitar la obtención de la marca en los diferentes territorios en donde se pretenda registrar la marca. Y cada Estado en base a su legislación nacional[28], decidirá si se concede o se deniega la solicitud de registro de la marca.

---

[27] Hay que tener en cuenta que la Oficina Internacional se limita a inscribir las solicitudes formuladas y a notificarlas a las oficinas de los territorios en donde se pretende registrar la marca, pero sin verificar si las marcas reúnen los requisitos exigidos para su otorgamiento.
[28] En el caso de España, el art. 80 LM recoge el procedimiento específico para la concesión o denegación de la tutela en España de una marca internacional.

2º) Intracomunitarias

Este punto trata de analizar las normas del Espacio Económico Europeo, referentes a las marcas comunitarias. Centrándose en el nuevo Reglamento UE nº.2424/2015, de 16 de diciembre de 2015 y en la Directiva nº.2436/2015, de 23 de diciembre de 2015.

a) Reglamento CE nº. 207/2009 de la Marca Comunitaria, y Reglamento UE nº. 2015/2424 sobre la MUE

El objetivo del RMC[29] era establecer un territorio uniforme de protección, abarcando a todos los Estados miembros de la UE (art.1.2 RMC)[30]. Es decir, el sistema de la Marca Comunitaria permite registrar un mismo signo en todo territorio comunitario, mediante una sola solicitud. Este regula el contenido, alcance y extinción del derecho sobre la marca de la Unión Europea. En el artículo 2 RMC establece la creación de una Oficina Comunitaria: ésta tiene autonomía propia y le corresponde la recepción, examen, concesión y renovación de la marca comunitaria. La concesión de estas corresponde a la OAMI (nueva OPIUE/EUIPO, en adelante se utilizará EUIPO, ya que en la práctica es la más utilizada)[31]; donde se ha de efectuar el registro, que es absolutamente necesario para adquirir la marca comunitaria (art. 6 RMC). El derecho sobre ella durará 10 años, a partir de la fecha de la presentación de la solicitud, renovables ininterrumpidamente por periodos de tiempo de 10 años (art. 46 RMC).

---

[29] Reglamento CE nº. 207/2009 del Consejo, de 26 de febrero de 2009, Sobre la Marca Comunitaria.

[30] Art. 1.2 RMC: "La marca comunitaria tendrá carácter unitario. Producirá los mismos efectos en el conjunto de la Comunidad: solo podrá ser registrada, cedida, ser objeto de renuncia, de resolución de caducidad o de nulidad, y solo podrá prohibirse su uso, para el conjunto de la Comunidad. Este principio se aplicará salvo disposición contraria del presente Reglamento".

[31] Oficina de Propiedad Intelectual de la Unión Europea. Su sigla en anglosajón es EUIPO (European Unión Intellectual Property Office).

Los artículos 9 y 10 RMC otorgan un derecho de exclusiva sobre la marca comunitaria, en el que se diferencian facultades de carácter positivo o negativo, a favor del titular de la marca[32]:

Facultades de carácter positivo

o Usar una marca, con sus derechos exclusivos, en el tráfico mercantil sobre productos y servicios; disponibilidad de su documentación comercial correspondiente; y poder utilizarla en diferentes campañas publicitarias, con la finalidad de conseguir nuevos clientes.

o Ceder la marca: supone la transmisión de la plena titularidad del signo del cedente al cesionario, que se convierte en su nuevo titular.

o Licenciar la marca: se trata de una autorización de uso que el titular de la marca (licenciante) otorga a un tercero (licenciatario). El licenciante conserva el dominio sobre la marca y se limita a permitir a un tercero a que la use, en las condiciones señaladas en el contrato.

Facultades de carácter negativo

o Impedir que un tercero no autorizado use su marca u otro signo confundible, como pueda ser un nombre comercial, denominaciones geográficas o un nombre de dominio, para distinguir productos o servicios idénticos o similares. El RMC le confiere las necesarias acciones y medidas para defender sus derechos y evitar los actos de usurpación. Concretamente, el titular de la marca podrá prohibir a un tercero no autorizado:

- poner el signo en los productos o en su presentación;
- ofrecer los productos o servicios;
- comercializarlos o almacenarlos con este fin;
- importar los productos, exportarlos o someterlos a cualquier otro régimen aduanero;
- utilizar el signo en los documentos comerciales y la publicidad;

---

[32] *Véase.* "La Marca Comunitaria", *IMPIVA,* Guía nº. 5, Edición de abril 2002, Propiedad Industrial, disponible en:
http://www.ivace.es/index.php?option=com_content&view=article&id=391:coleccie-guias&catid=75:noticias1&lang=es [consulta: 16 septiembre 2016].

- reproducir la marca como un término genérico en un diccionario, enciclopedia u obra de consulta.

○ Oponerse a que se inscriba en la EUIPO como marca comunitaria, un signo que sea confundible con el que ha registrado previamente como marca.

Reglamento UE nº. 2015/2424 del Parlamento Europeo y del Consejo de 16 de diciembre de 2015 y la Directiva nº. 2015/2436 de 23 de diciembre de 2015

El 23 de marzo de 2016 entró en vigor el Reglamento UE nº. 2015/2424 del Parlamento Europeo y del Consejo, de 16 de diciembre[33] (RMUE), que modifica, al Reglamento CE nº. 207/2009 sobre la Marca Comunitaria. Este RMUE junto con la Directiva nº. 2015/2436 del Parlamento Europeo y del Consejo, de 16 de diciembre, relativa a la aproximación de las legislaciones de los Estados miembros en materia de marcas[34] (en adelante, Directiva nº. 2015/2436), forman parte de un paquete legislativo por el que se reforma el sistema de marcas de la UE. El fin de ambos textos legislativos es modernizar el sistema de marcas dentro de la Unión Europea; de tal manera que sea más accesible, coherente, eficiente, y más económico. Para ello se ha analizado durante un largo proceso, iniciado en el año de 2007, los siguientes objetivos: (I) identificar las vías de colaboración entre la EUIPO y las Oficinas nacionales; (II) revisar las tasas; (III) valorar el funcionamiento de los sistemas nacionales y comunitario de marcas, para así identificar áreas de mejora y de armonización; e (IV) identificar áreas de desarrollo en el derecho de marcas.

---

[33] Reglamento UE nº. 2424/2015 del Parlamento Europeo y del Consejo, de 16 de diciembre de 2015 (DOUE L 341, de 24 de diciembre del 2015), por el que se modifican el Reglamento CE nº. 207/2009 del Consejo sobre la marca comunitaria, y el Reglamento CE nº. 2868/95 de la Comisión, por el que se establecen normas de ejecución del Reglamento CE nº 40/94 del Consejo sobre la marca comunitaria, y se deroga el Reglamento CE nº. 2869/95 de la Comisión, relativo a las tasas que se han de abonar a la Oficina de Armonización del Mercado Interior (marcas, diseños y modelos).

[34] DOUE L 336, de 23 de diciembre del 2015.

Hay que señalar que la Directiva y Reglamento están perfectamente armonizados, por lo que muchas de las novedades introducidas en dichos textos legales son comunes en ambos. Y es por ello que analizo en primer lugar sus particularidades y luego dispongo un apartado con las disposiciones comunes a ambos.

Las principales modificaciones introducidas por el Reglamento UE nº 2015/2424 son las siguientes[35]:

o La antigua Oficina para la Armonización del Mercado Interior (OAMI/OHIM[36]), ha pasado a denominarse Oficina de Propiedad Intelectual de la Unión Europea (OPIUE/EUIPO[37]).

o La Marca Comunitaria (MC) ha pasado a denominarse Marca de la Unión Europea (MUE). Con lo que todas las referencias a Comunidad[38] se han sustituido por Unión.

o La EUIPO tiene ahora, entre otras[39], la facultad de crear un Centro de Mediación[40], al que pueden someterse las partes libremente en cualquier fase de cualquier procedimiento sin restricciones, interrumpiendo el proceso en curso en el que se encuentren (considerando 33 y art. 137 bis RMUE).

o A partir de ahora, las solicitudes de registro de las MUE sólo se podrán presentar ante la EUIPO, eliminando la posibilidad que existía de presentar las solicitudes de marca ante las Oficinas Nacionales de la propiedad industrial de cada

---

[35] *Véase*. Gómez Sánchez, D., "La reforma del sistema europeo de marcas: principales modificaciones introducidas por el nuevo Reglamento de Marcas de la Unión Europea", *Revista CEFI*, núm. 77, enero-abril 2016, pp. 69-96; García Vidal, A., "La reforma del derecho europeo de marcas (II): cambios en la regulación de la marca de la Unión Europea", *Análisis GA&P*, abril 2016, disponible en la sección de conocimiento de Gómez-Acebo & Pombo: http://www.gomezacebo-pombo.com/media/k2/attachments/la-reforma-del-derecho-europeo-de-marcas-ii-cambios-en-la-regulacion-de-la-marca-de-la-union-europea.pdf [consulta: 17 septiembre 2016].

[36] En versión inglesa, "*Office for Harmonization in the Internal Market*".

[37] En versión inglesa, "*European Unión Intellectual Property Office*".

[38] "Comunidad; Comunidad Europea y Comunidades Europeas".

[39] En el art. 123 ter RMUE se recogen "las funciones de la Oficina".

[40] Este procedimiento sólo es posible cuando las partes quieran llegar a una resolución amistosa en cuanto a los litigios relacionados con las marcas, dibujos y modelos de la UE.

Estado miembro, ni a través de la Oficina de la Propiedad Intelectual del Benelux (considerando 24 RMUE[41] y art. 25 RMUE).

o Se fija una reducción de la mayoría de las tasas (por ejemplo: las de solicitud, de renovación, de oposición y de recurso). Aunque también se impone un sistema de tasa por clase[42] a la hora de presentar la solicitud de una marca, sustituyendo el sistema de tasa anterior, en el que el pago de una tasa base cubría hasta tres clases de productos o servicios, por un sistema en el que los solicitantes pagarán progresivamente por cada clase solicitada (figura como anexo al Reglamento n°. 207/2009). Además habrá un sistema de reparto entre la EUIPO y las Oficinas nacionales.

o Se incluye en el artículo 9.2 RMUE que la eficacia de los derechos conferidos por una marca de la UE debe entenderse sin perjuicio de los derechos de los titulares adquiridos antes de la fecha de presentación de la solicitud o de la fecha de prioridad de la marca de la UE. Es decir, el derecho de propiedad industrial sobre la marca de la UE se entiende sin perjuicio de la existencia de derechos previos.[43]

o El plazo de oposición a los registros internacionales que designan la UE pasan de ser de tres meses, contados desde el sexto mes de la publicación de la solicitud. A tres meses, pero que se cuentan, desde el primer mes de la publicación de la solicitud.

---

[41] Considerando 24 RMUE: "Habida cuenta de la gradual disminución y del insignificante número de solicitudes de marcas de la Unión presentadas a las oficinas centrales de la propiedad industrial de los Estados miembros y a la Oficina de Propiedad Intelectual del Benelux ha de ser posible presentar las solicitudes de marca de la Unión únicamente a la Oficina".

[42] Se recoge en el art. 26 RMUE.

[43] Ajustándose así a lo que establece el art.16.1 ADPIC, en el que se fija los "derechos conferidos".

---

b) Directiva nº. 2015/2436, de 23 de diciembre de 2015, relativa a la armonización en materia de marcas

Ésta ha sustituido a la Directiva nº. 95/2008, de 22 de octubre de 2008, relativa a la aproximación de las legislaciones de los Estados miembros en materia de marcas. Su entrada en vigor es del 14 de enero de 2016 y cuya transposición al derecho interno deberá hacerse antes del 14 de enero de 2019. Esta norma pretende un mayor acercamiento entre legislaciones marcarias nacionales y de la Unión Europea, tal y como ocurre con la inclusión del periodo de negociación en los procedimientos, la prueba del uso en fase de oposición, la eliminación del requisito de la representación gráfica para la solicitud de marcas, etc.

Los procedimientos de nulidad y caducidad de una marca ante las Oficinas nacionales de propiedad industrial, se deberán decidir obligatoriamente en la propia oficina administrativa. Respecto a estos nuevos procedimientos administrativos, la Directiva otorga a los Estados miembros un plazo hasta el 14 de enero de 2023 para implementarlos.

Principales novedades introducidas por la Directiva UE nº. 2015/2436[44]:

○ En el artículo 4.2 se fija, en materia de causas absolutas de nulidad: la posibilidad de que cualquier Estado miembro podrá disponer que se deniegue el registro de una marca cuando el solicitante la haya efectuado de mala fe.

○ En su considerando 18 determina cuándo existe violación de los derechos de marca: "…sólo existe violación de marca cuando se constate que la marca o el signo

---

[44] Véase García Vidal, A., "La reforma del derecho europeo de marcas (I): principales novedades introducidas por la Directiva UE nº. 2436/2015 (DOUE L 336, de 23 de diciembre del 2015)". *Análisis GA&P*, febrero 2016, disponible en la sección de conocimiento de Gómez-Acebo & Pombo: http://www.gomezacebo-pombo.com/media/k2/attachments/la-reforma-del-derecho-europeo-de-marcas-i-principales-novedades-introducidas-por-la-directiva-ue-2015-2436.pdf [consulta: 18 septiembre 2016].

---

infractor se utiliza en el tráfico económico a efectos de distinguir productos o servicios, y que la utilización del signo a efectos de distinguirlos, debe estar sujeta a las normas de derecho nacional". Además el Tribunal de Justicia de la Unión Europea ha establecido que la Directiva de marcas parte de que la infracción de un signo sólo se produce cuando un tercero lo emplea a título de marca.[45]

o En cuanto a la protección de la marca renombrada[46], el artículo 10.2 c) concede al titular de la marca registrada, la facultad de prohibir a cualquier tercero, el uso sin su consentimiento, en el tráfico económico, de cualquier signo en relación con los productos o servicios, cuándo: el signo sea idéntico o similar a la marca; goce de renombre en el Estado miembro; y con el uso del signo realizado sin justa causa, se pretenda obtener una ventaja desleal de carácter distintivo o del renombre, o su uso sea perjudicial.

o La Directiva extiende la armonización de los derechos nacionales a la regulación de los signos distintivos como objeto de propiedad; cuestión en la que las normas anteriores se limitaron a regular la licencia de marca. Ahora, además de la licencia, se regula la cesión, la marca como objeto de derechos reales y la ejecución forzosa.

---

[45] *Véase* SSTJUE: de 23 de febrero de 1999, C-63/97, *BMW* (apds. 3 y 64); de 14 de mayo del 2002, C-2/00, *Hölterhoff* (ap. 17); de 12 de noviembre del 2002, C-206/01, *Arsenal* (ap. 62); y de 21 de noviembre del 2002, C-23/01, *Robelco* (apds. 5, 28, 29 y 36).
[46] Desaparece el término de marca notoria. Quedando solo el término de marca o nombre comercial renombrado.

Disposiciones comunes a ambos textos legislativos:

o Se establece que en el caso de que se haya tolerado, el uso de una marca de la Unión Europea durante cinco años consecutivos con conocimiento de dicho uso, pues, únicamente cabría solicitar la oposición y nulidad en el caso de que la presentación de la solicitud se haya efectuado de mala fe. Con lo que no cabría solicitar la oposición y nulidad en el caso de alegar que había prioridad en derecho, ya que se ha consentido el uso del signo distintivo por un período consecutivo de cinco años (art. 54.1 y 2 RMUE y art. 18 Directiva UE nº. 2015/2436).

o A partir de ahora, en el procedimiento de oposición y nulidad, la fecha pertinente para presentar una prueba de uso será la fecha de presentación o de prioridad de la solicitud o marca de la UE impugnada, y no, como anteriormente, la fecha de publicación. A falta de esta prueba se desestimará la oposición (art. 42 RMUE y art. 46 Directiva UE nº. 2015/2436).

o Se refuerza la lucha contra las falsificaciones, instaurando un mayor control de las mercancías, con la posibilidad de impedir la introducción en el tráfico económico de la UE productos que provengan de terceros países y que lleven una marca idéntica a alguna de la UE sin autorización de su titular. Se ha introducido la posibilidad de prohibir los "actos preparatorios" relativos al uso de embalajes, etiquetas, elementos de seguridad, dispositivos de autenticidad u otros soportes (art. 9.4 y 9 bis RMUE y art. 11 Directiva UE nº. 2015/2436).[47]

---

[47] Esta posibilidad se encuadra dentro de los nuevos derechos conferidos por la marca de la UE, en los cuales, "el titular de la marca estará facultado para impedir que, dentro del tráfico económico, terceros introduzcan productos en la Unión, sin que sean despachados a libre práctica en dicho territorio, cuando se trate de productos, incluido su embalaje, que provengan de terceros países y que lleven sin autorización una marca idéntica o esencialmente idéntica a la registrada".

o Se otorgan nuevas facultades al titular de la marca para prohibir la utilización del signo como nombre comercial o denominación social o como parte de estas (art. 9.3 d RMUE y art. 10.3 d Directiva UE nº. 2015/2436), o prohibir la utilización del signo en publicidad comparativa, de una manera contraria a la Directiva 2006/114/CE, de 12 de diciembre de 2006, sobre la publicidad engañosa y publicidad comparativa (art. 9.3 f RMUE y art.10.3 f Directiva UE nº. 2015/2436)[48].

Además, su artículo 10.6 establece la posibilidad de que las regulaciones de marcas en el ámbito de la UE extiendan la protección del derecho de exclusiva otorgado al titular de una marca contra el uso de un signo que se efectúe con fines diversos a los de distinguir productos o servicios, cuando con el uso de dicho signo realizado sin justa causa, se pretenda: obtener una ventaja desleal del carácter distintivo o del renombre de la marca; o dicho uso fuera perjudicial para dicho carácter distintivo o dicho renombre. Con lo que, el titular podrá dirigirse frente a cualquier nombre comercial o denominación social que coincida o incorpore su marca, independientemente del uso que le diera.

o Se establece una importante limitación de los efectos del signo distintivo. Una marca no permitirá a su titular prohibir a un tercero hacer uso, en el tráfico económico de la marca, a efectos de designar productos o servicios como correspondientes al titular de esa marca o de hacer referencia a los mismos, en particular, cuando: el uso de esa marca sea necesario para indicar el destino de un producto o de un servicio, como por ejemplo, los

---

[48] Hay que tener en cuenta el considerando 13 RMUE y el considerando 19 de la Directiva UE nº. 2436/2015, en el que determina cuándo se produce la violación de la marca en estos casos: "el concepto de violación de marca también ha de incluir el uso de un signo como nombre comercial o designación similar, siempre que tal uso responda al propósito de distinguir los productos o servicios". El mismo criterio se establece en la STJUE de 11 de septiembre de 2007, C-17/06, *Celine* (apds. 11, 20 y 36).

accesorios o piezas de recambio. Con lo que en estos casos el tercero no estaría usando la marca ajena con finalidad distintiva de sus propios productos o tercero, sino que necesita mencionar que sus piezas accesorias sirven para unas marcas concretas, y por lo tanto no habría infracción a la marca (art. 12.1 c RMUE y art.14.1 c Directiva UE nº. 2015/2436).

A este respecto cabría destacar la STJUE de 23 de febrero de 1999, asunto C-63/97, *BMW* (apds. 58 y 64): el apartado 58 hace referencia a que se debe examinarse si el uso de la marca puede ser legítimo habida cuenta de la regla prevista en el art. 6.1 c) de la Directiva 89/104[49], según la cual el titular no podrá prohibir a un tercero el uso de su marca para indicar el destino de un producto o de un servicio, en particular como accesorios o recambios, siempre que este uso sea necesario y se realice conforme a las prácticas leales en materia industrial o comercial.

Además, en su apartado 64 y en su resolución establece el Tribunal de Justicia de la UE que: "los arts. 5 a 7 de la Directiva 89/104 no permiten que el titular de una marca prohíba a un tercero el uso de su marca para anunciar al público que efectúa la reparación y el mantenimiento de productos que llevan dicha marca, comercializados con la marca por el titular o con su consentimiento, o que está especializado o es especialista en la venta o en la reparación y mantenimiento de dichos productos, a menos que se utilice la marca de tal forma que pueda dar la impresión de que exista un vínculo comercial entre la empresa tercera y el titular de la marca y, en particular, de que la empresa del comerciante pertenece a la red de distribución del titular de la marca o de que exista una relación especial entre ambas empresas".

---

[49] Primera Directiva referente a la aproximación de las legislaciones de los Estados Miembros en materia de marcas.

A partir del 1 de octubre de 2017 ha entrado en vigor la versión codificada que pasa a denominarse Reglamento UE nº 2017/1001, del Parlamento Europeo y del Consejo sobre la Marca de la Unión Europea. Éste introduce las siguientes modificaciones:

o Se suprime el requisito de representación gráfica de la marca de la UE, siendo suficiente con que sea "adecuadamente identificada", es decir, permite que un signo se pueda representar de cualquier forma que se considere adecuada usando la tecnología disponible, siempre que la representación sea clara, precisa, autosuficiente, fácilmente accesible, inteligible, duradera y objetiva[50]; dando así entrada a la inscripción de marcas no convencionales (art. 4 RMUE). Al igual que el RMUE, la Directiva UE nº. 2015/2436 elimina el requisito de la representación gráfica, fijando el mismo criterio en el que el signo ha de ser apropiado para ser representado en el registro y que ha de permitir determinar el objeto claro y preciso de la protección otorgada a sus titulares. E incluye una mención expresa de la posibilidad de registrar como marca a los sonidos, permitiendo así su representación por medio de un archivo de audio; o en el caso de marcas en movimiento, la representación por medio de un archivo de vídeo, holograma, etc. (art. 3 Directiva 2015/2436).

o Se instaura la posibilidad de solicitar la nulidad o caducidad de una MUE ante las Oficinas Nacionales de propiedad industrial.

---

[50] Estos requisitos se han fijado en la STJUE, de 12 de diciembre de 2002, C-273/00, *Sieckmann* (apds. 30, 55) y en el considerando 9 del RMUE.

3º) Internas

Este apartado tratará de dar una visión de los aspectos fundamentales, que se deberán de tener en cuenta a la hora de plantear una reclamación o demanda por infracción de los derechos sobre la marca, a nivel interno. Teniendo en cuenta principalmente la Ley de Marcas 17/2001, de 7 de diciembre y su Real Decreto 687/2002, de 12 de julio.

a) Ley 17/2001, de Marcas y su Real Decreto 687/2002, que aprueba el Reglamento para la ejecución de la Ley de Marcas

Nuestra vía para la defensa de los derechos de marca a nivel nacional es la Ley de Marcas de 7 de diciembre de 2001,[51] y su Reglamento de desarrollo de 12 de julio de 2002[52]. Dicha ley tiene por objetivo proteger los derechos e intereses legítimos de los titulares de marcas y otros signos distintivos. También pretende contribuir a la promoción de la innovación y desarrollo de la tecnología, en beneficio de los creadores y usuarios de los conocimientos tecnológicos, para favorecer así al bienestar socioeconómico y al equilibrio de derechos y obligaciones.

El contenido básico del derecho de marca aparece fijado en el artículo 34 LM, en donde se establece el alcance del *ius prohibendi* que se atribuye al titular de la marca. Es decir, el titular está facultado para prohibir la utilización por los terceros en el tráfico económico[53] de cualquier signo:

o idéntico a la marca para productos o servicios idénticos a aquellos para los que esté registrada;

o que por ser idéntico o similar, y que por estar los productos o servicios protegidos, por la marca y por el

---

[51] Ley 17/2001, de 7 de diciembre, de Marcas (BOE núm. 294, de 8 de diciembre de 2001).
[52] Real Decreto nº. 687/2002, de 12 de julio, por el que se aprueba el Reglamento para la ejecución de la Ley 17/2001, de 7 de diciembre, de Marcas (BOE núm. 167, de 13 de julio de 2002).
[53] La marca confiere a su titular un derecho de exclusiva.

signo, implique un riesgo de confusión[54] por parte del público (el riesgo de confusión incluye el riesgo de asociación entre el signo y la marca –art. 34.2.b LM–)[55];

o que por ser idéntico o similar a la marca, para productos o servicios que no sean similares a aquellos para los cuales esté registrada, si esta fuera renombrada o notoriamente conocida y con el uso sin justa causa, se pueda ver una conexión con el titular, y que el uso del signo se aprovechara indebidamente del carácter distintivo o de la notoriedad de la marca o fuera perjudicial para los mismos.

El requisito de uso en el tráfico económico, mencionado en el artículo 34 LM se ha de interpretar en el sentido de que tenga lugar en el contexto de una actividad comercial con ánimo de lucro y en el sentido de que sea una vía accesible al público[56]. Además, el tercero ha de utilizar el signo en el marco de su propia comunicación comercial, a través de anuncios en Internet por ejemplo[57].

---

[54] La sentencia del TS de octubre de 1997 (RJ 1997, 7586) establece los criterios que se han de tener en cuenta para comprobar si puede haber confusión entre los signos: "las que con carácter directo propugnen una visión de conjunto, sintética, desde los elementos determinantes de cada unidad confrontada, sin descomponer su unidad fonética y en su caso gráfica, donde la estructura prevalece sobre sus integrantes parciales; ya que tal impresión global constituye un impacto verbal y visual imprescindible, cuyo eventual parecido podría producir confusión que trata de prevenir la Ley".

[55] El TJUE, en la sentencia de 8 de julio de 2010, C-558/08, *Portakabin,* apartado 51, ha señalado que constituye un riesgo de confusión: "cuando el público, es decir el consumidor medio, pueda creer que los productos o servicios procedan de la empresa o de empresas vinculadas económicamente a la que es titular de la marca. *Véase* Fernández Novoa, C., *Fundamentos de Derecho de Marcas*, Ed. Montecorvo, 2002, pp. 197-264.

[56] Estos requisitos lo fijan por ejemplo la STJUE de 11 de septiembre de 2007, C-17/06, *Celine,* ap. 17.

[57] *Véase.* STJUE de 23 de marzo de 2010, C-236/08 a C-238/08, *Google France,* apds. 60, y 67-73.

Otro dato a tener en cuenta es que la utilización del signo por parte de un tercero tenga lugar, sin el consentimiento del titular. Principalmente en al ámbito de Internet, cuando se haga como un enlace publicitario a la página web del supuesto infractor, en donde se comercialice productos y servicios pirateados o falsificados. Para ver si la conducta del infractor menoscabe o pueda menoscabar las funciones de la marca, se ha de tener en cuenta si el uso de ésta por un tercero puede llevar al consumidor medio a considerar erróneamente que los bienes procedan del titular. A este respecto, el Tribunal de Justicia de la UE considera que tal menoscabo se produce cuando la comunicación comercial del tercero sugiere la existencia de un vínculo económico entre ese tercero y el titular[58]. La jurisprudencia del Tribunal de Justicia de la UE, en el ámbito de Internet, ha fijado los límites del uso de las marcas como palabras clave en servicios publicitarios, principalmente en el caso del servicio de Google AdWords[59]:

> "El titular de la marca está facultado para prohibir el uso por un tercero, sin su consentimiento, de un signo idéntico a dicha marca, cuando ese uso tiene lugar en el tráfico económico, y se realiza para productos o servicios idénticos a aquellos para los que la marca está registrada y menoscabe o pueda menoscabar las funciones de la marca (función de garantizar: a los consumidores la procedencia del producto o del servicio; la calidad del producto o servicio; y la calidad de comunicación, inversión y publicidad). Con lo que el titular de la marca está facultado para prohibir a un anunciante que haga publicidad, a partir de una palabra clave idéntica o similar a la del titular, seleccionada sin el consentimiento del titular en el marco de un servicio de referenciación en Internet, de productos o servicios idénticos a aquéllos para los que se ha registrado la marca, cuando dicha publicidad no permita o apenas permita al internauta medio determinar si los productos o servicios anunciados proceden del titular de la marca o de una empresa económicamente vinculada a éste o si, por el contrario, proceden de un tercero".

---

[58] *Véase.* STJUE de 22 de septiembre de 2011, C-323/09, *Interflora,* ap. 45.

[59] *Véase* en este sentido las siguientes sentencias del TJUE: STJUE de 23 de marzo de 2010, C-236/08 a C-238/08, *Google France,* ap. 49 y 99; STJUE, de 8 de julio de 2010, C-558/08, *Portakabin,* ap. 54; STJUE de 22 de septiembre de 2011, C-323/09, *Interflora,* ap. 66.

3.2. DERECHOS DE AUTOR Y COPYRIGHT

Concepto[60]: el "Derecho de autor" hace referencia al conjunto de derechos[61] o facultades, tanto de carácter moral cuanto patrimonial, que los ordenamientos jurídicos nacionales conceden al creador de una obra literaria, artística o científica, por el mero hecho de su creación. Pero en este libro haremos únicamente referencia a su carácter patrimonial, al igual que lo hacen los angloamericanos[62] en su sistema del *"Copyright"*. Con lo que, nos centraremos en la concepción objetiva[63] de los derechos de autor, en la que se tutela los aspectos patrimoniales o los derechos de contenido económico. Tanto el derecho de autor como el copyright conceden al autor y titular de las creaciones el derecho de exclusiva para su utilización y explotación. Con lo que, quien quiera utilizar una creación protegida por el derecho de autor deberá estar autorizado para ello. En caso contrario, estaría cometiendo una infracción de los derechos de autor o del *copyright,* a no ser que se tratara de un uso legítimo (*fair use*)[64].

Las obras protegidas por el derecho de autor son las siguientes:

- o Obras literarias como novelas, poemas, representaciones escénicas, obras de referencia, artículos periodísticos y estudios científicos;

- o Programas de ordenador y bases de datos;

- o Películas, composiciones musicales y coreografías;

---

[60] Para saber más acerca de la diferencia entre derecho de autor y copyright *véase* Esteve González, L., *Aspectos internacionales de la infracciones de derechos de autor en Internet*, Ed. Comares, Granada, 2006, pp. 5-12; y Calvo Caravaca, A.L., Carrascosa González, J., *Derecho Internacional Privado*, volumen II, Ed. Comares, 2016, pág. 1254.

[61] Son aquellos derechos que tiene el autor para controlar el uso que se hace de su obra.

[62] Hace referencia a EE.UU y al Reino Unido.

[63] Comparativa entre la concepción objetiva y subjetiva en el Derecho de Autor. Véase D Peeler, C., "From the providence of Kings to copyright things", *Indiana Int'l & Comp. L. Rev.* vol. 9, 1999, pp. 423 y ss.; Esteve González, L., *Aspectos…, op. cit.,* pp. 5-8.

[64] El uso legítimo sólo estaría autorizado en los casos en los que haya un interés público (como los de investigación o académicos), o para el uso privado sin fines comerciales (ya que si por ejemplo se utiliza en un *Blog* un derecho de autor protegido, para redirigirse a algún enlace en donde se saque un beneficio económico de ello, es decir, vendiendo el producto o similares, pues nos encontraríamos en un caso de infracción de derecho de autor o del *copyright* en el que no sería posible utilizar la doctrina del *"fair use"*.

o Obras artísticas como cuadros, dibujos, bocetos, fotografías y esculturas;

o Arquitectura;

o Anuncios, mapas y dibujos técnicos.

Además el derecho de autor puede amparar elementos como: títulos, lemas o logotipos, e incluso el contenido y estructura de una página web (es decir, el *"Look and feel"*, que es el aspecto de la web para el usuario y lo que siente cuando está navegando por ella).

3.2.1.- Normas para la protección de los Derechos de Autor

1°) Internacionales

En este punto se analiza los principales cuerpos normativos referentes a la protección de los derechos de autor a nivel internacional. Haciendo especial hincapié en los Tratados administrados por la OMPI sobre derechos de autor, y en la *Digital Millennium Copyright Act,* de 28 de octubre de 1998.

a) Convenio de Berna para la Protección de las Obras Literarias y Artísticas

Ante la necesidad de contar con un sistema armonizado de protección en materia de derechos de autor, se concertó el primer acuerdo internacional de protección de los derechos de autor que fue adoptado el 9 de septiembre de 1886, en Berna, Suiza y revisado en París el 24 de julio de 1971: el "Convenio de Berna" para la protección de las obras literarias y artísticas (en adelante CBe)[65]. Los países que adoptaron el Convenio[66], formaron la Unión de Berna a fin de garantizar el reconocimiento y la protección de los derechos de los autores en todos los países miembros. El CBe está administrado por la OMPI, en Ginebra, Suiza.

En los últimos años, ha aumentado rápidamente el número de adhesiones al Convenio de Berna pues hay cada vez más conciencia de que la protección por derecho de autor es una parte importante del nuevo sistema mundial de comercialización. El comercio internacional de productos y servicios protegidos mediante derechos de propiedad intelectual está en pleno auge en el mundo entero, en gran parte gracias a Internet. Y tanto los países desarrollados como los países en desarrollo han reconocido que, para poder participar en los beneficios de ese comercio, deben proteger sólidamente los derechos de propiedad intelectual.

Principales datos a tener en cuenta del CBe referente a los derechos de autor:

○ Hay dos principios básicos de protección: (I) el "trato nacional", según el cual, las obras que se originan en uno de los Estados miembros deben protegerse en cada uno de los Estados

---

[65] El CBe de 9 de septiembre de 1886, completado en París, el 4 de mayo de 1896, ha sido revisado varias veces a fin de tener en cuenta los cambios fundamentales en las formas de creación, utilización y difusión de las obras literarias y artísticas que han tenido lugar a lo largo de los años y que, en su mayoría, fueron el resultado de la evolución tecnológica. La primera revisión importante tuvo lugar en Berlín, en 1908, seguida de la revisión de Roma en 1928, la revisión de Bruselas, en 1948, y la revisión de Estocolmo, en 1967, así como la revisión de París, en 1971 y enmendado el 28 de septiembre de 1979. Ha sido ratificado por España el 2 de julio de 1974, (*BOE* núm. 81, de 4 de abril de 1974 y núm. 260 de 30 de octubre de 1974).
[66] Los países miembros del CBe en la actualidad son 172, disponible en: www.wipo.int [consulta: 20 septiembre 2016].

miembros de la misma forma en que esos Estados protegen las obras de sus propios nacionales; y (II) el principio a los "derechos mínimos", que significa que las leyes de los Estados miembros deben proporcionar los niveles mínimos de protección establecidos por el Convenio.

o   La Convención de Berna establece que la protección por derecho de autor no puede depender del cumplimiento de ninguna formalidad, como el registro o el depósito de copias. Con lo que estamos ante una protección automática por el mero hecho de la creación del derecho de autor (art. 5.2 CBe).

o   El su artículo 2 contiene una lista abierta, ejemplificativa, de obras protegidas que comprenden todas las producciones en el campo literario, científico y artístico, cualquiera que sea el modo o forma de expresión[67]. Permite a los Estados exigir que las obras deban estar fijadas en un soporte material, a fin de poder ser protegidas. Por ejemplo, en un país que imponga ese requisito de fijación, una obra de coreografía sólo podría ser protegida una vez que se transcribieran los movimientos mediante una notación para la danza o que se registraran en una cinta vídeo (art. 2.2 CBe). Las obras basadas en otras obras, tales como las traducciones, las adaptaciones, los arreglos musicales y demás transformaciones de una obra literaria o artística, están también protegidas (art. 2.3 CBe). Ciertas categorías de obras pueden estar excluidas de la protección; de ahí que los Estados miembros puedan denegar su protección a los textos oficiales de orden legislativo, administrativo o judicial (art. 2.4 CBe). Como por ejemplo: las obras de arte aplicadas (art. 2.7 CBe), las conferencias,

---

[67] Art. 2.1 CBe: "tales como los libros, folletos y otros escritos; las conferencias, alocuciones, sermones y otras obras de la misma naturaleza; las obras dramáticas o dramático-musicales; las obras coreográficas y las pantomimas; las composiciones musicales con o sin letra; las obras cinematográficas, a las cuales se asimilan las obras expresadas por procedimiento análogo a la cinematografía; las obras de dibujo, pintura, arquitectura, escultura, grabado, litografía; las obras fotográficas a las cuales se asimilan las expresadas por procedimiento análogo a la fotografía; las obras de artes aplicadas; las ilustraciones, mapas, planos, croquis y obras plásticas relativos a la geografía, a la topografía, a la arquitectura o a las ciencias".

alocuciones y otras obras de la misma naturaleza (art. 2bis.2 CBe).

o En el artículo 3 establece la protección de los autores que son nacionales o residentes de un Estado parte del Convenio (es decir, un país que sea miembro de la "Unión de Berna"); los autores que no son nacionales ni residentes de dicho país, estarán protegidos, si sus obras se publican por primera vez en un país miembro o simultáneamente en un país no miembro y en un país miembro.

o Los derechos patrimoniales concedidos a los autores en el marco del Convenio de Berna son los siguientes: el derecho de autorizar la traducción de sus obras (art. 8 CBe), el derecho de reproducción por cualquier procedimiento o por cualquier forma y sus límites (art. 9 CBe), el derecho de representación o ejecución públicas de obras dramáticas, dramático-musicales y musicales (art. 11 CBe), el derecho de radiodifusión y comunicación pública sobre ciertas obras (art. 11 bis CBe), el derecho de recitación pública (art. 11 ter CBe), el derecho de adaptación (art. 12 CBe), el derecho a efectuar adaptaciones y reproducciones cinematográficas de obras y el derecho de distribución de las obras así adaptadas y reproducidas (art. 14 CBe).

o En su artículo 15 se establece que para ejecutar acciones en contra de los infractores, bastará con que aparezca el nombre del titular estampado en la obra en la forma habitual. Es decir, fija una presunción de que el autor de una obra literaria o artística se considera como tal, desde el momento en que estampe su nombre o seudónimo en la misma; ésta se aplica de manera similar a los propietarios de derechos afines a los derechos de autor.

o Con el fin de mantener un equilibrio apropiado entre los intereses de los titulares del derecho de autor y los usuarios de las obras protegidas, el CBe permite ciertas limitaciones con respecto a los derechos patrimoniales. Es decir, hace referencia a los casos en los que las obras protegidas puedan ser utilizadas sin autorización del titular del derecho de autor y sin tener que pagar una remuneración (por ejemplo, las utilizaciones libres o el *fair use* mencionado anteriormente). Y están previstas en los artículos 9.2 (reproducción en casos especiales), 10 (citas y utilización de las obras a título de ilustración de la enseñanza), 10bis (reproducción de artículos de periódico o similares y utilización de las obras a los efectos de informar sobre acontecimientos de actualidad, como por ejemplo cuando son mencionados en *blogs* con fines exclusivamente informativos), y 11bis.3 (grabaciones efímeras con fines de radiodifusión).

o El artículo 7 establece el plazo mínimo de protección que es el de la vida del autor y 50 años después de su muerte. Existen excepciones a esta regla básica para ciertas categorías de obras. Para las obras fotográficas y las obras de artes aplicadas, el plazo mínimo de protección es de 25 años contados desde la realización de tales obras (art. 7.4 CBe).

Principales ventajas de la adhesión al Convenio de Berna:

o La ventaja más importante es que las obras estarán automáticamente protegidas en todos los países parte del Convenio, con el resultado de que estos autores pueden sacar beneficios financieros de la expansión de los mercados para sus obras. La adhesión podrá también reducir el incentivo de los autores nacionales a buscar editores y distribuidores para sus obras en países que ya son miembros del Convenio, como medio de obtención de una protección en todos los países miembros. Además, la posición competitiva de los autores nacionales en el mercado interno podrá verse mejorada porque una vez que el país sea un Estado miembro, las obras de los autores extranjeros sólo podrán distribuirse con su permiso y ya no a precios inferiores a los de las obras nacionales, para las cuales se exigiría una autorización de distribución.

- Cualquiera que sea el nivel social o económico de un Estado, al adherirse al CBe: un país pasa a ser parte del sistema internacional de protección de los derechos de los autor y, por extensión, del sistema de comercio internacional de productos y servicios protegidos por derecho de autor. Esto permite un mayor desarrollo y crecimiento en los siguientes ámbitos: informativo, tecnológico y cultural. El hecho de que un país pase a ser miembro de la Unión de Berna es prueba de que está dispuesto a ejercer la voluntad política necesaria para proteger los derechos de autor de los demás países. Esta prueba puede ser también una condición previa para el éxito de la cooperación internacional, incluida la atracción de inversiones extranjeras a los sectores de la economía, distintos de la propiedad intelectual. Sin una protección eficaz por derecho de autor para todas las obras, tanto extranjeras como nacionales, los países pueden verse privados del acceso oportuno a la información necesaria, que se ha convertido, y cada vez más, en una condición de la supervivencia económica y cultural de un país. Además, debido al proceso de armonización que supone la adhesión al Convenio, cada Estado pagará una única cuota cualquiera que sea el número de tratados de los que sea parte.

Pero ante la ausencia en el CBe de mecanismos para garantizar el respeto en las legislaciones nacionales, de un estándar mínimo de protección, y su limitado desarrollo, han restringido la efectividad del Convenio. Y debido a la importancia de alcanzar una armonización en la protección material y procesal de los bienes inmateriales, pues, se ha llegado a adoptarse el Acuerdo ADPIC en 1994, vinculado a los países que forman parte de la OMC[68].

---

[68] Organización Mundial del Comercio (antiguo GATT). Forman parte de ésta organización 164 países, información disponible en: https://www.wto.org/spanish/thewto_s/whatis_s/tif_s/org6_s.htm [Consulta: 23 septiembre 2016].

b) ADPIC

Como ya se ha visto este acuerdo al analizar los derechos de marcas. En esta ocasión nos referiremos a él con respecto a lo relacionado exclusivamente con los derechos de autor.

Las normas específicas en materia de derecho de autor se encuentran en los artículos 9-14 del Acuerdo ADPIC. En su artículo 9 estipula que los países miembros cumplirán con lo dispuesto en los artículos 1 a 21, así como con el anexo al Acta de París de 1971 del Convenio de Berna. También contiene una disposición que establece el principio de que la protección por derecho de autor se extiende a las expresiones y no a: las ideas, procedimientos, métodos de operación o conceptos matemáticos.

Este acuerdo incorpora las normas del Convenio de Berna y destaca la importancia económica de la propiedad intelectual en el comercio internacional; exigiendo que las leyes de los Estados miembros especifiquen que los programas de ordenador están protegidos como obras literarias en virtud del CBe. También establece que las compilaciones de datos serán protegidas como creaciones originales siempre que respondan a los criterios de originalidad en razón de la selección o disposición de sus contenidos, independientemente de que la compilación exista en forma legible por máquina o en otra forma (art. 10 ADPIC).

El Acuerdo ADPIC contiene asimismo disposiciones detalladas sobre la tutela de los derechos de propiedad intelectual y el derecho de autor en su Parte III (arts. 41-61 ADPIC). Es decir, normas que imponen la obligación de establecer en la legislación nacional procedimientos que posibiliten acciones efectivas para prevenir y sancionar la infracción de tales derechos.

Por último, se recomienda aplicar alguno de los mecanismos alternativos de resolución de controversias entre diferentes países, ya que su coste es menos elevado y se resuelven sin tanta dilación.

c) Tratado de la OMPI sobre Derecho de Autor

Debido al momento en que fueron redactados el Convenio de Berna y el Acuerdo ADPIC, hay que tener en cuenta que no contienen normas que adapten la normativa internacional al nuevo entorno digital y a la sociedad de la información. Por ello se ha hecho necesario la adopción en Ginebra, el 20 de diciembre de 1996, del Tratado de la OMPI sobre Derecho de autor (en adelante TDA/WCT).[69] Por el momento son partes contratantes del TDA 96 países.[70]

Este tratado junto con el Tratado de la OMPI sobre interpretación, ejecución y fonogramas (TIEF)[71], abordan la temática de la llamada "agenda digital"[72] en sus disposiciones relativas a:

(I) la aplicación del derecho de reproducción al almacenamiento de obras en sistemas digitales,

(II) las limitaciones y excepciones aplicables al entorno digital,

(III) las medidas tecnológicas de protección, y

(IV) la información sobre la gestión de los derechos.

---

[69] BOE núm. 148, de 18 de junio de 2010, 9638. *Véase* Vinje, T.C., "El nuevo Tratado de la OMPI sobre los Derechos de autor", *RGD*, núm. 642, 1998, pp. 2339-2352.

[70] Lo podemos comprobar en: http://www.wipo.int/treaties/es/ShowResults.jsp?lang=es&treaty_id=16 [consulta: 03 agosto 2018]. Hay que tener en cuenta que el TDA entró en vigor el 6 de marzo de 2002, a los tres meses después de que hubieran sido presentado treinta países su ratificación o adhesión, conforme a su art. 20 TDA.

[71] BOE núm. 148, de 18 de junio de 2010, 9639. Su finalidad es proteger los derechos sobre la interpretación, ejecución y fonogramas en el entorno de Internet.

[72] Durante el período posterior a la adopción del Acuerdo ADPIC, y durante los trabajos preparatorios que dieron lugar al TDA y al TIEF, se hizo cada vez más latente que la tarea más importante y más urgente de los comités de la OMPI y de la Conferencia Diplomática era facilitar aclaraciones sobre las normas vigentes y crear nuevas normas para dar respuesta a los problemas planteados por la tecnología digital y particularmente por Internet. Con lo que las cuestiones abordadas en ese contexto se denominaron de forma conjunta "agenda digital". *Véase* el documento preparado por la OMPI, "*Tratado de la OMPI sobre Derecho de Autor y Tratado de la OMPI sobre Interpretación o Ejecución y Fonogramas*", disponible en: http://documentostics.com/documentos/tratados_OMPI.pdf [consulta: 30 septiembre 2016]; Rogel Vide, C., *Estudios Completos de Propiedad Intelectual*, Ed. Reus S.A, 2003, pp. 475 y ss.

El TDA incorpora a su texto ciertas normas contenidas en el CBe y en el Acuerdo ADPIC[73]; y además viene a complementar estos instrumentos legislativos, ya que introduce nuevas disposiciones equilibradas para la tutela de los derechos de autor en el ámbito de la sociedad de la información y aclara la interpretación de normas existentes, pero sobre las que habían ciertas divergencias o dudas a la hora de su aplicación.

Los derechos reconocidos en el TDA son los siguientes:

(I) el derecho de distribución, es decir, otorga a los autores un derecho exclusivo de autorizar la puesta a disposición al público de originales y copias de sus obras mediante la venta u otra forma de transferencia de dominio (art. 6 TDA);

(II) el derecho exclusivo a autorizar el alquiler comercial del original o de ejemplares al público (art. 7 TDA); y

(III) el derecho de comunicación pública de toda obra protegida, a través de cualquier vía, como pueden ser, la literaria, la musical, y la audiovisual (art. 8 TDA).

En el ámbito de Internet hay que destacar el artículo 11 TDA, sobre las obligaciones de los Estados relativas a proveer protección legal adecuada y remedios eficaces que permitan evitar los actos dirigidos a eludir las medidas técnicas de protección[74] de que disponen los autores en relación con el ejercicio de sus derechos, evitando así la supresión o modificación de la información que identifican a la obra del autor.

"Las Partes Contratantes proporcionarán protección jurídica adecuada y recursos jurídicos efectivos contra la acción de eludir las medidas tecnológicas efectivas que sean utilizadas por los autores en relación con el ejercicio de sus derechos en virtud del presente Tratado o del CBe y que, respecto de sus obras, restrinjan actos que no estén autorizados por los autores concernidos o permitidos por la Ley".

---

[73] Por ejemplo el art. 3 TDA prevé la aplicación de los arts. 2 a 6 del CBe relativos, entre otras cuestiones, las obras protegidas; que se ha de tener en cuenta el lugar de primera publicación del autor; y a la protección automática sin necesidad de formalidades. Los arts. 4 y 5 TDA establecen un contenido similar al del art. 10 ADPIC referente a que los programas de ordenador y a las compilaciones de datos (bases de datos) deben ser protegidas como si de obras literarias se trataran. El art. 10 TDA regula las posibles limitaciones y excepciones de los derechos reconocidos en los arts. 6 a 8 TDA, tal y como lo hacen los arts. 9.2 CBe y 13 ADPIC.
[74] Como por ejemplo el cifrado, la marca de agua, entre otros.

Y el artículo 12 TDA referente a la obligación de prever medidas adecuadas contra la remoción o alteración de la información sobre la gestión de derechos.

> Art. 12. 1 TDA: "Las Partes Contratantes proporcionarán recursos jurídicos efectivos contra cualquier persona que, con conocimiento de causa, realice cualquiera de los siguientes actos sabiendo o, con respecto a recursos civiles, teniendo motivos razonables para saber que induce, permite, facilita u oculta una infracción de cualquiera de los derechos previstos en el presente Tratado o en el CBe: (I) suprima o altere sin autorización cualquier información electrónica sobre la gestión de derechos; (II) distribuya, importe para su distribución, emita, o comunique al público, sin autorización, ejemplares de obras sabiendo que la información electrónica sobre la gestión de derechos ha sido suprimida o alterada sin autorización". Art. 12.2 TDA: "Se entenderá por <<información sobre la gestión de derechos>> la información que identifica a la obra, al autor de la obra, al titular de cualquier derecho sobre la obra, o información sobre los términos y condiciones de utilización de la obras, y todo número o código que represente tal información, cuando cualquiera de estos elementos de información estén adjuntos a un ejemplar de una obra o figuren en relación con la comunicación al público de una obra.

Se extiende el término mínimo de protección con respecto a las obras fotográficas a 50 años tras la muerte del autor (el art. 9 TDA, hace referencia a que no se aplicará lo establecido en el art. 7.4 CBe, sino que cada país tiene libertad para fijar lo que estime oportuno). Y confirman que el almacenamiento de una obra en un dispositivo electrónico constituye una reproducción en el sentido al que hace referencia el artículo 9 CBe.[75]

---

[75] Esta referencia viene recogida en las notas que aparecen al final del TDA, *nota 1ª*: *"Declaración concertada respecto del Artículo 1.4)*: El derecho de reproducción, tal como se establece en el art. 9 CBe, y las excepciones permitidas en virtud del mismo, son totalmente aplicables en el entorno digital, en particular a la utilización de obras en forma digital. Queda entendido que el almacenamiento en forma digital en un soporte electrónico de una obra protegida, constituye una reproducción en el sentido del art. 9 CBe".

d) Digital Millennium Copyright Act

La Digital Millennium Copyright Act (en adelante DMCA), fue aprobada y convertida en ley por el Presidente Clinton el 28 de octubre de 1998. Esta ley[76] transpone a la legislación norteamericana dos tratados internacionales de la OMPI: el TDA y el TIEF (anteriormente analizados).

Aunque sea una ley nacional norteamericana, hay que tener en cuenta que en la práctica es de aplicación internacional, debido a que los buscadores como Google, Bing y Yahoo!, tienen su sede y alojamiento web en Estados Unidos; por lo que si acudimos a la política interna de cada uno de estos buscadores, podemos ver que se someten a la legislación estadounidense a la hora de solucionar los conflictos existentes en el ámbito de Internet.

La DMCA permite a los titulares de derechos de autor de todo el mundo, solicitar la retirada del contenido, falsificado, pirateado, o plagiado, de un servidor alojado en los Estados Unidos; y también permite solicitar a los buscadores de Internet que eliminen de sus resultados orgánicos, los enlaces[77] y páginas *web* de todo el que disponga de contenidos que infrinjan los derechos protegidos por el *copyright.*

---

[76] *Digital Millennium Copyright Act, de* 28 de octubre de 1998, P.L. 105-304. *Véase* Harold Cole, J., "Propiedad intelectual: comentarios sobre algunas tendencias recientes", *Revista Empresa y Humanismo,* Vol. 6, n°. 1, 2003, pp. 42-48; Fiscor, M., *The Law of Copyright and the Internet (The 1996 WIPO Treaties Interpretation and Implementation),* Oxford, 2002; Reinbothe, J., y Von Lewinski, S., *The WIPO Treaties 1996. The WIPO Copyright Treaty Commentary and Legal Analysis,* Butterworths Lexis Nexis, London, 2002.
[77] En inglés "*Links o urls*".

Es decir, aunque la página *web* infractora no se encuentre alojada en un servidor estadounidense, es posible que su propietario la indexe[78] en los buscadores señalados anteriormente, con el fin de atraer tráfico virtual a su página, y así conseguir una mayor visibilidad universal a través de Internet. Para evitar esta conducta que vulnera los derechos de autor, la DMCA permite a los propietarios de derechos de propiedad intelectual, reducir y eliminar el impacto de las infracciones sobre sus derechos protegidos.

De la DMCA nos interesa destacar principalmente:

o el Titulo II, referente a la limitación de la responsabilidad en las infracciones del copyright online y que fija limitaciones en la responsabilidad de los proveedores de servicios de Internet[79], alojadores web y servicios web por el contenido depositado en ellos, estableciendo también procedimientos para garantizar que los propietarios de derechos de propiedad intelectual puedan hacer valer sus derechos[80]; y

o el Titulo IV, referente a la regulación sobre las funciones de la Oficina del *Copyright*, educación a distancia, excepciones en la Ley del *Copyright* para bibliotecas y para la fijación de grabaciones efímeras, *webcasts*[81] y grabaciones en Internet, así como la posible aplicación de obligaciones derivadas de la negociación colectiva en el caso de venta de derechos de películas.

---

[78] En el ámbito de la informática, Indexar, se refiere a la acción de agregar una o más páginas web a las bases de datos de los buscadores de Internet, para que estas aparezcan en los resultados de las búsquedas de los mismos. Indexar sitios web, es fundamental para que las mismas sean encontradas por los usuarios de los buscadores de internet. De hecho, gran cantidad de sitios reciben la mayoría de sus visitantes a través de los buscadores.

[79] En inglés se les denominan "ISP", es decir, Internet Service Provider. Es la empresa que presta el servicio de conexión a Internet a sus clientes.

[80] Los propietarios de derechos de autor podrán hacer valer sus derechos mediante el Título 17 del Código de los Estados Unidos, Sección 512 (c) (3) (A), en donde se establecen los requisitos para que prospere una reclamación por la infracción de los derechos de autor.

[81] Un *webcast* es un diseño de transmisión a Internet donde transmite un medio en vivo similar a un programa de televisión o una emisora de radio. Los usos más habituales de los *webcasts* son: la relación con inversores, marketing y generación de seguidores comerciales, formación interna y externa, comunicación corporativa. En todos ellos se necesita una elevada capacidad de personalización de la plataforma, métricas de registro y utilización y capacidad de escalado para soportar miles de usuarios concurrentes.

2°) Intracomunitarias

Este apartado se centrará en el estudio de la Directiva 2001/29/CE, de 22 de mayo de 2001 y de la Directiva 2004/48/CE, de 29 de abril de 2004. Al igual que la DMCA, la Directiva 2001/29/CE trata de transponer a la legislación de la UE los tratados TDA y TIEF, alcanzados por la OMPI, referentes a los derechos de autor y derechos afines a éstos. Mientras que la Directiva 2004/48/CE se refiere, exclusivamente, a la tutela de los derechos de propiedad intelectual.

a) Directiva 2001/29/CE, de 22 de mayo de 2001

El objetivo de este cuerpo legal[82] es armonizar determinados aspectos de los derechos de autor y los derechos afines a los derechos de autor en la sociedad de la información. De tal manera que recoge en gran medida los aspectos regulados en el TDA y en el TIEF (considerando 15 de la Exposición de Motivos)[83]. Por lo que trata de transponer a los ordenamientos de los Estados miembros los compromisos alcanzados en el TDA y en el TIEF. Hay que tener en cuenta que lo que fije una Directiva de la UE ha de ser transpuesto obligatoriamente a las leyes internas de los Estados miembros; y si un país incumple con tal deber, en el plazo fijado para ello, puede ser sancionado[84].

---

[82] Directiva 2001/29/CE del Parlamento Europeo y del Consejo, de 22 de mayo de 2001 (DO 2001 L 167/70).

[83] Considerando 15: "La Conferencia Diplomática celebrada en diciembre de 1996 bajo la supervisión de la OMPI, llevó a la adopción de dos nuevos Tratados, el TDA y el TIEF, que versan respectivamente sobre la protección de los autores y sobre la protección de los intérpretes o ejecutantes y de los productores de fonogramas. Estos Tratados actualizan de forma significativa la protección internacional de los derechos de autor y derechos afines a los derechos de autor, incluso en relación con la denominada -agenda digital-, y mejoran los medios para combatir la piratería a nivel mundial. La Comunidad y la mayoría de los Estados miembros han firmado ya dichos Tratados y se están tomando las oportunas disposiciones para la ratificación de los mismos por la Comunidad y los Estados miembros. La presente Directiva está destinada también a dar cumplimiento a algunas de las nuevas obligaciones internacionales".

[84] De hecho, se ha condenado a España por ello, porque la Directiva entró en vigor el 22 de junio de 2001 (art. 14 Directiva 2001/29/CE) fijando como límite para su transposición en los ordenamientos de los Estados miembros el 22 de diciembre de 2002 (art. 13 Directiva 2001/29/CE). La sentencia que condena a España es la siguiente: STJCE de 28 de abril de 2005, C-31/04, *Comisión vs./c. Reino de España*. *Véase* también Casas Vallés, R., "La transposición de la Directiva 2001/29/CE en España", *Universidad Oberta de Cataluña*, 2004, pp. 1-21, disponible en: http://www.uoc.edu/dt/esp/casas1204.pdf [consulta: 4 octubre 2016].

El Tribunal de Justicia ha destacado que el objetivo principal de esta Directiva es lograr un nivel elevado de protección en interés de los autores, que les permita obtener una compensación adecuada por la utilización de sus obras, incluida la reproducción de éstas, con el fin de proseguir su trabajo creativo y artístico. Este mismo criterio se recoge en los considerandos 9 y 10 de la Directiva 2001/29/CE.[85]

Su contenido se centra en la regulación de los derechos de reproducción (art. 2), de comunicación al público (art. 3), de distribución (art. 4); así como las excepciones y limitaciones de esos derechos (art. 5), y la protección de medidas tecnológicas e información para la gestión de derechos (arts. 6 y 7).

b) Directiva 2004/48/CE, referente a los derechos de Propiedad Intelectual

La disparidad existente, entre los Estados miembros de la Unión Europea, en cuanto a los medios de tutela de los derechos de propiedad intelectual, y la globalización de los mercados por la utilización de Internet; son perjudiciales para el buen funcionamiento del mercado interior y no permite garantizar que los derechos de autor y derechos afines, gocen de un nivel de protección equivalente. Esta situación no crea un entorno favorable para una competencia sana y tampoco facilita la libre circulación dentro del Espacio Económico de la Unión Europea.

---

[85] Véase STJCE de 16 de julio de 2009, C-5/08, *Infopaq*, ap. 40; y el Considerando 9 de la Directiva 2001/29/CE establecen lo siguiente: Toda armonización de los derechos de autor y derechos afines a los derechos de autor debe basarse en un elevado nivel de protección, dado que tales derechos son primordiales para la creación intelectual. Su protección contribuye a preservar y desarrollar la creatividad en interés de los autores, los intérpretes, los productores, los consumidores, la cultura, la industria y el público en general. Por lo tanto, la propiedad intelectual ha sido reconocida como una parte integrante del derecho de propiedad. "Para que los autores y los intérpretes puedan continuar su labor creativa y artística, deben recibir una compensación adecuada por el uso de su obra, al igual que los productores, para poder financiar esta labor. La inversión necesaria para elaborar productos tales como fonogramas, películas o productos multimedia, y servicios tales como los servicios -a la carta-, es considerable. Es indispensable una protección jurídica adecuada de los derechos de propiedad intelectual para garantizar la disponibilidad de tal compensación y ofrecer la oportunidad de obtener un rendimiento satisfactorio de tal inversión (Considerando 10 Directiva 2001/29/CE)".

Por ello se ha hecho necesario la adopción de la Directiva 2004/48/CE[86], de 29 de abril de 2004, referente a los derechos de Propiedad Intelectual, que trata de unificar los criterios referentes:

o a la forma de aplicar las medidas provisionales, que se han de utilizar principalmente para proteger las pruebas (arts. 6, 7 y 9);

o al cálculo de los daños, perjuicios y costas procesales (arts. 13 y 14);

o a la aplicación de los mandamientos judiciales (arts. 11).

o También quiere incorporar a los Estados que no disponen de medidas, procedimientos ni de recursos como: el derecho de información y la retirada, a expensas del infractor, de mercancías litigiosas que hubieran accedido al mercado (arts. 8 y 10).

Esta normativa no afecta a lo establecido en la Directiva 2001/29/CE, de 22 de mayo de 2001, comentada en el punto 3.2.2º a) de esta obra.

Lo establecido en el artículo 15 del Convenio de Berna, se incorpora al artículo 5 de la Directiva 2004/48/CE, en el que fija la presunción de que el autor de una obra literaria o artística se considera como tal, desde el momento en que su nombre aparece estampado en la misma. Se aplica una presunción similar a los propietarios de los derechos afines a los derechos de autor. En el artículo 1 de la Directiva 2004/48/CE da a entender que también se extenderá a los derechos de propiedad industrial, ya que establece que "el término derechos de propiedad intelectual, incluirá los derechos de propiedad industrial".

Por último señalar que, para que haya una armonización adecuada de este cuerpo normativo entre los distintos Estados miembros, se ha establecido un sistema de cooperación e intercambio de información, mediante una red de interlocutores nombrados por cada país y la elaboración de informes de evaluación referentes a la eficacia aplicativa de las medidas adoptadas por los diferentes órganos nacionales (recogido en los arts. 17, 18 y 19 Directiva 2004/48/CE).

---

[86] *Véase*. DOUE L 157 de 30.04.2004.

3°) Internas

En este punto se analiza las diferentes reformas introducidas en la Ley de Propiedad Intelectual 1/1996, de 12 de abril. Y se da una visión general de los aspectos fundamentales, que se han de tener en cuenta para proceder a una reclamación, denuncia o demanda por vulneración de los derechos de autor.

a) Real Decreto Legislativo 1/1996, por el que aprueba el texto refundido de la Ley de Propiedad Intelectual

La legislación española recoge la normativa concerniente a los derechos vinculados a la propiedad intelectual en el Texto refundido de la Ley de Propiedad Intelectual (en adelante LPI), que fue aprobado por Decreto Legislativo 1/1996, de 12 de abril.[87] Este trata de incorporar al Derecho español la Directiva 93/98/CEE, del Consejo, de 29 de octubre relativa a la armonización del plazo de protección del derecho de autor y derechos afines. El objetivo de la LPI es la protección de las creaciones literarias, artísticas o científicas (art. 1 LPI), expresadas en cualquier medio, tales como libros, escritos, composiciones musicales, obras dramáticas, coreografías, obras audiovisuales, esculturas, obras pictóricas, planos, maquetas, mapas, fotografías, programas de ordenador y bases de datos. También protege interpretaciones artísticas, fonogramas, grabaciones audiovisuales, emisiones de radiodifusión e incluso los chistes[88] publicados en Twitter o en blogs (arts. 10, 11 y 12 LPI).

---

[87] Texto refundido de la LPI, aprobado por Decreto Legislativo 1/1996, de 12 de abril (BOE núm. 97, de 22 de abril de 1996). *Véase* Bercovitz Rodríguez-Cano, R., Garrote Fernández-Díez, I., González Gonzalo, A., y Sánchez Aristi, R., *Las reformas de la Ley de Propiedad Intelectual*, Valencia, 2006; Casas Vallés, R., "La Ley de Propiedad Intelectual en España. Incidencia tecnológica en la utilización y explotación de las obras", *Estudios de derecho judicial*, n°. 129, 2007, pp. 11-48.

[88] Tal y como veremos en el punto 5.3.2.1 de esta obra, referente a la Política Interna de Twitter.

Durante el transcurso del tiempo, la Ley de Propiedad Intelectual sufre una serie de reformas, de las cuales he de destacar las siguientes:

(I) La efectuada por la Ley 19/2006, de 5 de junio[89], que incorpora la Directiva 2004/48/CE, en la cual se amplían los medios de tutela de los derechos de propiedad intelectual e industrial. Reformando así, lo referente a la ampliación del catálogo de acciones ejercitables, con la posibilidad de ejercitar acciones que eviten nuevas infracciones (art. 138 LPI); los conceptos resarcibles (art. 140 LPI); y el ejercicio de acciones de cesación y medidas cautelares contra los intermediarios que prestan sus servicios de alojamiento web a terceros que utilizan los medios de los intermediarios para cometer infracciones (arts. 139 y 141 LPI).

(II) La efectuada por la Ley 23/2006, de 7 de julio[90], centrada en incorporar la Directiva 2001/29/CE, referente a la armonización de determinados aspectos de los derechos de autor y los derechos afines a éstos, en la sociedad de la información (analizada en el apartado 3.2.1.2°.a). El contenido que se introduce con esta reforma son los siguientes: los derechos de reproducción (art. 18 LPI), de distribución (art. 19 LPI), de comunicación al público (art. 20 LPI); así como las excepciones y limitaciones de esos derechos (arts. 31, 32, y 37 LPI), y la protección de medidas tecnológicas e información para la gestión de derechos (arts. 160 a 162 LPI)[91].

---

[89] BOE núm. 134, de 6 de junio de 2006.
[90] BOE núm. 162, de 8 de julio de 2006.
[91] Para una información más detallada acerca de estos derechos *Véase* De Miguel Asensio, P. A., *Derecho Privado de Internet*, 5ª Edición, Ed. *Aranzadi S.A*, Pamplona, 2015, pp. 705-724.

(III) Y la efectuada por la Ley 21/2014, de 4 de noviembre.[92] Que introduce importantes modificaciones con respecto al alcance de ciertos límites, como por ejemplo, el de la copia privada (arts. 25 y 31 LPI); las citas, reseñas e ilustración con fines educativos o de investigación científica (art. 32 LPI).

Además incluye un conjunto de medidas relativas a los mecanismos legales para la protección de los derechos de propiedad intelectual frente a las infracciones cometidas en el entorno digital, como por ejemplo:

- facilita las posibilidades de obtener información previa, que sean relevantes para la persecución de ciertas infracciones en el marco de los procesos civiles, como por ejemplo, la identificación de los prestadores de servicios de la sociedad de la información (art. 256 LEC); y

- prevé la atribución de responsabilidad indirecta, al considerar responsable en determinadas circunstancias a quien induzca, coopere o pueda controlar la conducta infractora (art. 138 LPI).

También amplía la eficacia del procedimiento ante la Sección Segunda de la Comisión de Propiedad Intelectual, permitiendo que se persiga a las páginas webs que faciliten enlaces a contenidos ilícitos de forma no neutral y ante ello podrán tomar las siguientes medidas: ordenar el bloqueo del acceso a la web del infractor; cancelar el nombre de dominio o incluso que se suspendan los servicios que se les presta, como por ejemplo, pagos electrónicos o campañas de publicidad, con el fin de hacer presión al infractor para que colabore con la justicia.

---

[92] BOE núm. 268, de 5 de noviembre de 2014.

Un ejemplo de aplicación de estas reformas sería la reciente sentencia del Juzgado de lo Mercantil nº 6 de Barcelona, de 12/01/2017, recurso nº 666/2016, número de resolución 15/2018, referente las páginas web infractoras de derechos de propiedad intelectual, HDFULL y REPELIS:

HECHOS.- Estas webs tienen una base de enlaces que permiten el acceso ilegal por parte de los consumidores finales, en la totalidad del territorio del Estado español, a una cantidad masiva de copias ilegales de películas y series de televisión de las que las demandante (Columbia, Disney, Paramount, Fox, Universal y Warner) son titulares y distribuidores en exclusiva, sin ningún tipo de autorización o consentimiento. Se ha de destacar que la actividad por parte de las web infractoras son muy proactivas ya que no se limitan a proporcionar enlaces a las obras sino que: "inducen a la visualización de las copias pirateadas de las obras, a través de una interfaz atractiva e intuitiva que facilita al usuario a encontrar el contenido en el que está interesado, mediante una clasificación organizada y una función de búsqueda que permite localizar los títulos usando cualquier criterio o palabra clave. Los contenidos piratas se modifican y se adaptan para presentarlos de manera atractiva y organizada, mediante miniaturas de las carátulas comerciales, lo que facilita la localización de los contenidos y la hace más atractiva y de fácil uso y acceso por los usuarios.

El Juzgado de lo Mercantil falla estableciendo lo siguiente:

- declara que las páginas web http://hdfull.tv y http://www.repelis.tv están poniendo a disposición de un público nuevo las obras protegidas, sin el consentimiento o autorización de los titulares de los derechos, y por tanto infringiendo el derecho de comunicación pública de las compañías demandantes, en los términos previstos en los diferentes artículos de la LPI, de la directiva 2001/29/EC del Parlamento Europeo y el Consejo, de 22 de mayo de 2001, relativa a la armonización de determinados aspectos de los derechos de autor y derechos afines a los derechos de autor en la sociedad de la información, y de la Directiva 2004/48/EC, del Parlamento Europeo y el Consejo de 29 de abril de 2004, relativa a las medidas y procedimientos destinados a garantizar el respeto de los derechos de propiedad intelectual.

- se ordena a las demandadas, de acuerdo con los arts. 138 párrafo 3 , y 139.1.h LPI, que bloqueen o impidan, poniendo en práctica de manera inmediata las mejores medidas técnicas y las gestiones que ellos consideren adecuadas para terminar o reducir significativamente, de manera real y efectiva, el acceso de sus clientes desde el territorio español a las mencionadas páginas web con nombre actual de dominio principal http://hdfull.tv y http://www.repelis.tv, incluyendo también otros dominios, sub-dominios y direcciones IP cuyo exclusivo o principal propósito sea facilitar acceso a dichas páginas web, tales como páginas web que sirvan para eludir o evitar las medidas de bloqueo y permitir el acceso a los usuarios desde el territorio español.

El contenido fundamental del derecho de autor, con respecto a la protección contra las infracciones cometidas, se encuentra fijado en los siguientes artículos:

- 18-21 LPI. En donde recogen los derechos exclusivos que poseen los titulares de los derechos de propiedad intelectual. Dentro de éstos se encuentran los siguientes: reproducción, distribución, comunicación pública (incluye la puesta a disposición en Internet), y transformación.

- 138-141 LPI. En donde se establecen las acciones y medidas cautelares que puede tomar el titular, en caso de que se haya cometido alguna violación de los derechos de propiedad intelectual. Es decir, el propietario está facultado para instar el cese de la actividad ilícita del infractor, exigir medidas cautelares urgentes para que no le siga perjudicando, y la indemnización de los daños materiales y morales causados (art.138 LPI).

En cuanto al comercio electrónico, el cese de la actividad ilícita podrá comprender: la suspensión de la explotación o actividad infractora; la retirada del comercio de los ejemplares ilícitos, incluyendo aquellos en los que haya sido suprimida o alterada sin autorización la información para la gestión electrónica de los derechos o cuya protección tecnológica haya sido eludida; y la suspensión de los servicios prestados por intermediarios a terceros que se valgan de ellos para infringir los derechos de autor (art. 139.1 a, c y h LPI).

Las principales medidas cautelares a este respecto son las siguientes: suspensión de la actividad de reproducción, distribución y comunicación pública; y la suspensión de los servicios prestados por intermediarios a terceros que se valgan de ellos para vulnerar los derechos de propiedad intelectual (art. 141 LPI).

4.- JURISDICCIÓN COMPETENTE Y DERECHO APLICABLE EN EL ÁMBITO DE LAS INFRACCIONES DE MARCAS Y DERECHOS DE AUTOR

Al tratarse de controversias relacionadas con la piratería, falsificaciones y copias en el ámbito de Internet, es muy importante saber a qué jurisdicción acudir y qué ley sería aplicable al caso concreto. Con lo que en este capítulo se analizará y se contestará a las siguientes preguntas planteadas en el caso práctico: ¿Qué jurisdicción sería la competente en caso de conflicto? y ¿Cuál sería la ley aplicable?

Cuando surge un conflicto en Internet referente a las marcas o a los derechos de autor, si se pretende interponer una demanda en la vía civil para hacer valer los derechos que se posean sobre los signos distintivos o los derechos de autor, es muy importante saber a qué jurisdicción acudir y qué ley se habrá de aplicar a la controversia en cuestión. Es decir, la determinación de qué tribunales tienen competencia judicial internacional para conocer del asunto, y la ley de qué país o estado se aplicará al caso concreto. De esta manera se evitaría tener que litigar en una pluralidad de procesos y en diferentes países, que conllevarían a unos gastos muy elevados.

Hay que señalar que existen dos vías por las que defender los derechos exclusivos que una empresa o un particular poseen sobre los derechos de propiedad industrial e intelectual:

o La primera sería la vía judicial, en la que se ha de acudir a los tribunales competentes. Ésta es la vía más cara, ya que los costes que pueda acarrear el proceso pueden llegar a ser muy elevados.[93]

o La segunda sería la vía extrajudicial, que suele ser mucho más económica que acudir a los tribunales. De hecho en la práctica, en el ámbito de las marcas, cada vez se están utilizando en mayor medida los mecanismos extrajudiciales de resolución de controversias. Y por ejemplo los conflictos que surgen en relación a nombres de dominio, suelen llevarse a arbitrajes ante la OMPI u a otros Centros de Arbitraje que se dediquen a resolver ese tipo de conflictos. Evitando así los costes que supone acudir a la vía judicial.[94]

---

[93] Para más información acerca de los costes que supone acudir a juicio véase: https://capitalibre.com/2016/09/cuanto-cuesta-ir-a-juicio-costas-procesales [consulta: 6 octubre 2016].
[94] En los siguientes enlaces podemos consultar diferentes mecanismos extrajudiciales aplicables al ámbito civil: http://www.elmundo.es/economia/2016/02/26/56cf2ddbe2704e0b628b45c8.html y http://www.elderecho.com/actualidad/entrevistas/Cualquier-juicio-cuesta-euros-UE_14_408445001.html [consulta: 6 octubre 2016].

4.1. COMPETENCIA JUDICIAL INTERNACIONAL

La UE dispone de una armonización al respecto, respaldada por el Reglamento UE nº 1215/2012 del Parlamento Europeo y del Consejo, de 12 de diciembre de 2012, relativo a la competencia judicial, el reconocimiento y la ejecución de resoluciones judiciales en material civil y mercantil (en adelante RBIbis)[95]. Este permite que los tribunales de otro Estado miembro, en donde se haya producido la inscripción de un derecho de propiedad industrial e intelectual, tenga competencia para conocer del asunto (art. 24. 3 y 4 RBIbis).

En materia de responsabilidad extracontractual las normas básicas que se han de tener en cuenta para fijar la competencia judicial internacional en España y en la UE son:

- o el RBIbis,

- o el Convenio de Lugano, de 15 de octubre de 2007[96] (en adelante CL), y

- o en última instancia el artículo 22 de la Ley Orgánica 6/1985, de 1 de julio, del Poder Judicial[97] (en adelante LOPJ). [98]

---

[95] DOUE L 351 de 20 de diciembre de 2012.

[96] Decisión del Consejo, de 15 de octubre de 2007, firmada en nombre de la Comunidad, del Convenio relativo a la competencia judicial, el reconocimiento y la ejecución de resoluciones judiciales en materia civil y mercantil (DOUE núm. 339, de 21 de diciembre de 2007).

[97] BOE núm. 157, de 2 de julio de 1985.

[98] En cuanto a la competencia judicial internacional *Véase* De Miguel Asensio, P. A., *Derecho...*, *op. cit., pp.* 596-616; Fernández Rozas, J. C., Arenas García, R., y De Miguel Asensio, P. A., *Derecho...*, op. cit., *pp.* 112-121, y *150-152.*

Para fijar el Estado competente en el ámbito de Internet, se ha de tener en cuenta principalmente el nivel de intercambio comercial de información en la página web y también se ha de ver si se trata de un sitio web que sea pasivo o interactivo. Pasivo se refiere a que en la web sólo disponga de contenidos informativos; mientras interactivo, pues hace referencia a que se produzca transacciones comerciales entre vendedor y comprador, y por ende haya un beneficio económico para el vendedor. [99]

Para ver el foro al que está relacionado ese nivel de intercambio de información es importante comprobar a que país o zona se está dirigiendo específicamente, el titular de la página web. Para ello se ha de ver:

- o en qué idioma ésta la página web,

- o en qué moneda aparecen los productos,

- o a qué territorio son enviados los productos,

- o y a que territorio hace referencia la información de contacto, tal como, dirección, email y teléfono.

Con lo que para determinar qué tribunales tienen competencia judicial internacional para conocer de una concreta reclamación por infracción de los derechos de propiedad industrial o intelectual, se han de cumplir una serie de requisitos, que se explican a continuación.

---

[99] Para más información acerca de la distinción entre sitios activos y pasivos para determinar el alcance de la competencia, *véase* Michael A. Geist, Is There a There There – "Toward Greater Certainty for Internet Jurisdiction", *Berkeley Technology Law Journal*, vol. 16, 1345, septiembre 2001, pp.1345-1407.   Disponible   en: http://scholarship.law.berkeley.edu/cgi/viewcontent.cgi?article=1331&context=btlj [consulta: 7 octubre 2016].

4.1.1.- Competencia exclusiva del lugar del registro de la Marca o Derecho de Autor

A la hora de fijar la competencia judicial internacional lo primero que se ha de hacer es ver si existen competencias exclusivas, ya que si existen, es el criterio preferente a la hora de fijar el foro. Para ello se ha de tener en cuenta el alcance del artículo 24.4 RBIbis[100], que establece la competencia exclusiva en materia de inscripciones o validez de las marcas sometidos a depósito o registro, al Estado miembro en donde se haya producido el registro. Los derechos otorgados por una marca se refieren a un territorio concreto y no a todos, por lo que el titular sólo puede invocar sus derechos en el lugar en el que se encuentre debidamente registrada la marca. El daño se produce en el Estado en el que se protege el derecho en cuestión. Los tribunales del Estado en el que se encuentra el registro de la marca es la mejor posición para evaluar la posible lesión. Tal como establece la STJUE, de 3 de octubre de 2013, C-170/12, *Pinckney*[101], en su apartado 37: "...la alegación de una vulneración de un derecho de la propiedad intelectual o industrial, cuya protección concedida por un acto de registro, está limitada al territorio del Estado miembro de registro y debe formularse ante los tribunales de dicho Estado miembro; ya que los órganos jurisdiccionales del Estado miembro de registro son los que mejor pueden apreciar si efectivamente se ha vulnerado el derecho de que se trate". Véase, también en este sentido, pero sobre las marcas nacionales, la STJUE, 19 abril 2012, C-523/10, *Wintersteiger*, apartados 25, 28 y 39.

---

[100] Art. 24.4 RBIbis: "Son exclusivamente competentes, sin consideración del domicilio de las partes, los órganos jurisdiccionales de los Estados miembros que se indican a continuación: 4) en materia de inscripciones o validez de patentes, marcas, diseños o dibujos y modelos y demás derechos análogos sometidos a depósito o registro, los órganos jurisdiccionales del Estado en que se haya solicitado, efectuado o tenido por efectuado el depósito o registro en virtud de lo dispuesto en algún instrumento de la Unión o en algún convenio internacional".
[101] Disponible en: http://curia.europa.eu/juris/document/document.jsf?docid=142613&doclang=ES [Consulta: 9 octubre 2016].

Se ha de tener en cuenta que el artículo 24.4 RBIbis, no incluye controversias sobre los derechos de autor, debido a que la existencia de la propiedad intelectual no se subordina a un registro ni a otras formalidades determinantes de su concesión por el poder público, sino que como establece el artículo 1 LPI: "corresponde al autor por el mero hecho de su creación". Pero hay que tener en cuenta que al existir en España un mecanismo voluntario de registro de la propiedad intelectual (arts. 144 y 145 LPI), pues, cabe plantear la proyección en este ámbito de la competencia exclusiva de los tribunales del país al que pertenece un registro público en relación con la validez de sus inscripciones (art. 24.3 RBIbis).[102]

4.1.2.- Fuero del domicilio del demandado

En segundo lugar habría que ver si hay sumisión expresa o tácita por las partes según los artículos 25 y 26 RBIbis. Pero hay que tener en cuenta que la sumisión no es habitual en los litigios por infracción de los derechos de propiedad industrial e intelectual.[103] Y además en el caso de la piratería, los infractores de los derechos de las marcas y derechos de autor no suelen tener ninguna relación contractual con el propietario de tales derechos, sino que simplemente se aprovechan de la notoriedad y renombre, para llevar el tráfico virtual a sus páginas web para vender productos similares, falsificaciones o copias.

Por lo tanto pasamos a analizar el domicilio del demandado que sería el tercer punto de conexión a tener en cuenta, ya que es el lugar en donde puede encontrarse los posibles bienes del demandado, y si se optara por esta vía, pues, podrá haber una mayor garantía para cobrar al infractor en el caso que tenga que aportar una indemnización de daños y perjuicios.

---

[102] *Véase* Fernández Rozas, J. C., Arenas García, R., y De Miguel Asensio, P. A., *Derecho…,* *op. cit.,* pp. 150-152; y De Miguel Asensio, P. A., *Derecho…,* op. cit., pág. 838.
[103] Véase De Miguel Asensio, P. A., *Derecho…, op. cit.,* pág. 601.

En el contexto español y europeo, si el domicilio del demandado se encuentra en un país miembro de la UE o del RBIbis, en cuyo caso, se podrá acudir a los siguientes artículos 4.1 RBIbis[104], 2 CL y 22 d) LOPJ, para fijar por ejemplo la competencia a los tribunales españoles. Éstos artículos atribuyen competencia con independencia del país en el que se hayan infringido los derechos de los signos distintivos, derechos de autor y conexos.

Sería posible atribuir competencia tanto a los tribunales españoles como extranjeros, para conocer de los litigios relativos a la infracción de derechos de propiedad industrial e intelectual, siempre que el domicilio del demandado se encuentre en España.

Y si no se encontrara domiciliado en un Estado miembro, pues, deberíamos aplicar las leyes internas de cada país.[105] En este sentido la Sentencia *Wintersteiger,* antes mencionada, en su apartado 39, aparte de atribuir competencia al lugar del registro, también establece la competencia a favor del domicilio del demandado:

> "...un litigio relativo a la vulneración de una marca registrada en un Estado miembro como consecuencia del uso, por un anunciante, de una palabra clave idéntica a dicha marca en el sitio de Internet de un motor de búsqueda que opera bajo un dominio nacional de primer nivel de otro Estado miembro, puede someterse, bien a los órganos jurisdiccionales del Estado miembro en que se encuentra registrada la marca, o bien a los del Estado miembro del lugar de establecimiento del anunciante (es decir, el fuero del domicilio del demandado)".

---

[104] art.4.1 RBIbis: "Salvo lo dispuesto en el presente Reglamento, las personas domiciliadas en un Estado miembro estarán sometidas, sea cual sea su nacionalidad, a los órganos jurisdiccionales de dicho Estado".
[105] Véase De Miguel Asensio, P. A., *Derecho...*, *op. cit.*, pp. 837, 839 y 840.

4.1.3.- Lugar del daño: el hecho causal y materialización del daño

El cuarto punto a analizar para fijar la competencia judicial internacional sería el lugar en donde se hubiere producido o pudiere producirse un perjuicio económico derivado de las infracciones de los derechos de las marcas y de los derechos de autor en Internet.[106] Para ello se ha de tener en cuenta el artículo 7.2 RBIbis[107], y el 22 quinquies apartado b[108] LOPJ[109].

En la práctica además de estos dos artículos es importante "el lugar de establecimiento del prestador intermediario de servicios de la sociedad de la información, cuyos servicios son utilizados por el infractor, y también la situación del servidor a través del cual está presente en la red[110]". Sobre todo, han de ser tenidos en cuenta para la solicitud de medidas cautelares como la prohibición de disposición de la marca o dominio, y cesación de los actos que violen los derechos de propiedad intelectual. Pero la ubicación del servidor en el que se almacena la información, que infringe los derechos de propiedad intelectual, no es la vía preferible para determinar el lugar del daño a efectos de atribuir competencia judicial internacional, ya que su situación se escapa al control del proveedor de contenido; siendo susceptible de ser modificada con gran facilidad y rapidez y tampoco afecta a la difusión instantánea y global de la información.

---

[106] Véase De Miguel Asensio, P. A., *Derecho…, op. cit.*, pp. 604-616 y 841-848.

[107] Art. 7.2 RBIbis: "Una persona domiciliada en un Estado miembro podrá ser demandada en otro Estado miembro: 2) en materia delictual o cuasidelictual, ante el órgano jurisdiccional del lugar donde se haya producido o pueda producirse el hecho dañoso".

[108] Art. 22 quinquies apartado b LOPJ: "Asimismo, en defecto de sumisión expresa o tácita y aunque el demandado no tuviera su domicilio en España, los Tribunales españoles serán competentes: b) En materia de obligaciones extracontractuales, cuando el hecho dañoso se haya producido en territorio español".

[109] Hay que señalar que ha habido una reforma, la Ley Orgánica 7/2015, de 21 de julio, que ha modificado el art. 22 de la LOPJ (BOE núm. 174, de 22 de julio de 2015).

[110] Se ha de tener en cuenta estos dos puntos principalmente a la hora de solicitar alguna medida provisional, por ejemplo, la de bloquear la página web temporalmente. Con respecto a la adopción de medidas provisiones es importante destacar el art. 9.1.a) de la Directiva 2004/48/CE relativa a los derechos de propiedad intelectual, los artículos 138 y 139.1 LPI, 41.3 LM.

El artículo 7.2 RBIbis se basa en la existencia de una relación más estrecha entre la controversia y los tribunales del lugar en donde se haya producido el daño. Este artículo resulta aplicable aunque el daño aún no se haya producido, ya que trata de evitar que se produzcan daños futuros. De esta manera atribuye competencia a los tribunales del lugar de protección que presente una especial relación de proximidad con una demanda de declaración de no infracción referida a ese territorio y en donde se hubiere producido o pudiere producirse el hecho dañoso, ya que suelen ser los tribunales que tienen una mejor posición para determinar si un derecho referido a ese país ha sido o no infringido (tal y como se establece en el apartado 39 de la sentencia STJUE de 3 de abril de 2014, C-387/12, *Hi Hotel HCF)*. El ejercicio de acciones de declaración de no infracción ante los tribunales del lugar de protección del derecho es importante en relación con la tutela de los intereses de los titulares de nombres de dominio frente a eventuales reclamaciones de titulares de marcas.[111]

Se ha de señalar que la expresión <<lugar en donde se hubiere producido o pudiere producirse el hecho dañoso>>, que figura en el artículo 7.2 RBIbis, se refiere al mismo tiempo al lugar del hecho causal que originó el daño y al lugar de materialización del daño (véase apartado 26 de la STJUE de 3 de octubre de 2013, C-170/12, *Pinckney)*. Pero se ha de diferenciar estas dos concepciones ya que no significan exactamente lo mismo:

- La STJUE, 19 abril 2012, C 523/10, *Wintersteiger*[112], se refiere a los derechos sobre las marcas, y fija la competencia en el **lugar del hecho causal o lugar de origen del daño**. El litigio principal de esta sentencia versa sobre lo siguiente:

  Products 4U reservó la palabra clave –Wintersteiger– en el marco del sistema publicitario desarrollado por el prestador del servicio de referenciación de Google AdWords. Como consecuencia de esta inscripción, limitada al dominio nacional de primer nivel alemán de Google, es decir, el sitio de Internet –google.de–, el internauta que

---

[111] Véase De Miguel Asensio, P. A., *Derecho…, op. cit.*, pp. 605 y 606.
[112] Sentencia disponible en Curia, en la sección de publicaciones: http://curia.europa.eu/juris/document/document.jsf?tex%20t=&docid=121744&pageIndex=0&doclang=ES&mode%20=lst&dir=&occ=first&part=1&cid=740559 [Consulta: 11 octubre 2016].

introducía la palabra clave –Wintersteiger– en el motor de búsqueda de ese servicio de referenciación obtenía, como primer resultado de la búsqueda, un enlace al sitio de Internet de Wintersteiger. No obstante, la introducción de ese mismo término de búsqueda hacía también aparecer, en la parte derecha de la pantalla, bajo la rúbrica –Anzeige– (Anuncio en alemán), un anuncio publicitario de Products 4U. El texto de dicho anuncio llevaba por título, subrayado y en color azul –Skiwerkstattzubehör– (Accesorios para talleres de reparación de esquís). Incluía, además, en dos líneas, las palabras –Ski und Snowboardmaschinen– (Máquinas para esquís y tablas de snowboard) y –Watung und Reparatur– (Mantenimiento y Reparación). En la última línea de este mismo anuncio se indicaba, en letras verdes, la dirección de Internet de Products 4U. Al hacer clic en el título –Skiwerkstattzubehör–, el usuario era dirigido a la oferta de –Wintersteiger-Zubehör– (Accesorios Wintersteiger) contenida en el sitio de Internet de Products 4U. El anuncio publicitario en el sitio –google.de– no aclara que no existía vínculo económico alguno entre Wintersteiger y Products 4U (apartado 12 de la sentencia).

Wintersteiger afirma que mediante el anuncio insertado en el sitio – google.de–, Products 4U vulneraba su marca austriaca; y por ello decide ejercitar una acción de cesación ante los tribunales austriacos. Basando su competencia el artículo 5.3 del Reglamento CE nº. 44/2001 (véase apartado 13).

Products 4U se opuso a la competencia internacional de los tribunales austriacos y a la existencia de una vulneración de la marca Wintersteiger, ya que el sitio –google.de– se dirige exclusivamente a los usuarios alemanes, por lo que el anuncio controvertido estaba destinado exclusivamente a los clientes alemanes (véase apartado 14).

Éstas controversias se resuelven estableciendo lo siguiente: en caso de que se alegue la vulneración de una marca nacional registrada en un Estado miembro como consecuencia de la exhibición, en el sitio de Internet de un motor de búsqueda, de un anuncio publicitario gracias a la utilización de una palabra clave idéntica a dicha marca, procede considerar como hecho causal no la exhibición de la publicidad en sí misma, sino el desencadenamiento, por el anunciante, del proceso técnico de exhibición, con arreglo a parámetros predeterminados, del anuncio que éste creó para su propia comunicación comercial (véase apartados 32, 33 y 34).

Esta sentencia fija una interpretación del TJUE respecto del lugar del hecho causal o lugar de origen del daño como elemento determinante de la competencia judicial internacional desde la perspectiva del artículo 7.2 RBIbis, haciendo referencia a la infracción de derechos de marca. Con lo que en la sentencia *Wintersteiger* el Tribunal estableció que "se localizará el hecho causal, en el lugar de desencadenamiento por el supuesto responsable del proceso técnico que lleva a la difusión de la información infractora a través de Internet". Estableciendo así, una relación entre lugar de origen del daño y domicilio del demandado, siendo más favorable al infractor (véase apartados 34 y 37).[113]

- En cambio la STJUE de 22 de enero de 2015, C-441/13, *Hejduk*[114], en relación con los derechos de autor, fija la competencia a los tribunales en donde se haya producido la **materialización del daño**. El litigio principal de esta sentencia versa sobre lo siguiente:

"La Sra. Hejduk es una fotógrafa profesional de arquitectura. El Sr. Georg W. Reinberg utilizó las fotografías de la Sra. Hejduk, con su autorización para mostrar sus construcciones en el marco de un coloquio organizado por EnergieAgentur. EnergieAgentur puso dichas fotografías a disposición para consulta y descarga en un sitio de Internet, sin contar con la autorización de la Sra. Hejduk y sin efectuar ninguna indicación relativa a los derechos de autor. Al considerar que EnergieAgentur había vulnerado sus derechos de autor, la Sra. Hejduk interpuso una demanda ante el Handelsgericht Wien con el fin de obtener una indemnización de daños y perjuicios por el importe de 4.050 €, así como la

---

[113] Véase De Miguel Asensio, P. A., *Derecho...*, *op. cit.*, pp. 601-604.
[114] Sentencia disponible en Curia, en la sección de publicaciones: http://curia.europa.eu/juris/document/document.jsf?docid=161611&doclang=ES [Consulta: 14 octubre 2016].

autorización de publicar la sentencia a expensas de dicha sociedad. La Sra. Hejduk se ampara en el artículo 5.3 del Reglamento CE n°. 44/2001 (actual art. 7.2 del Reglamento UE n°. 1215/2012), para justificar la interposición de la demanda ante dicho órgano jurisdiccional. EnergieAgentur propone una excepción de incompetencia internacional y territorial del Handelsgericht Wien, afirmando que su sitio de Internet no está destinado a Austria y que la mera facultad de consultarlo desde ese Estado miembro no basta para atribuir la competencia a dicho órgano jurisdiccional (véase apartados 10-13 de la sentencia)".

Para resolver esta controversia en materia de competencia judicial internacional, el Tribunal establece lo siguiente, el artículo 5.3 del Reglamento CE n°. 44/2001 debe interpretarse en el sentido de que, en caso de una supuesta vulneración de los derechos de autor y de los derechos afines, garantizados por el Estado miembro del órgano jurisdiccional, será competente, en virtud del lugar de materialización del daño, para conocer de una acción de responsabilidad por la vulneración de esos derechos, cometida al ponerse en línea fotografías protegidas en un sitio de Internet accesible desde su circunscripción territorial. Dicho órgano jurisdiccional sólo será competente para conocer del daño causado en el territorio del Estado miembro al que pertenece (véase apartado 38).

Es decir, debe interpretarse en el sentido de que, en un litigio relativo a una vulneración en Internet de derechos de propiedad intelectual, fruto de la cual se produce un daño deslocalizado, cuya ubicación territorial no admite determinación con arreglo a criterios fiables de prueba, "son competentes los tribunales del lugar donde se haya producido el daño". Y además, ha venido a confirmar que la mera accesibilidad a los contenidos infractores en el país cuyos derechos son supuestamente vulnerados, será suficiente para apreciar la materialización del daño a los efectos de fundar la competencia judicial internacional de esos tribunales (véase apartados 33 y 34, sentencia *Hejduk*).

La STJUE de 3 de abril de 2014, C-387/12, *Hi Hotel HCF*[115], referente a los derechos de autor, ha venido a confirmar el criterio de que el lugar dónde se haya producido el daño a los efectos del artículo 7.2 RBIbis se localiza en el territorio del Estado miembro al que van referidos los derechos de autor supuestamente infringidos, siempre que el daño alegado pueda producirse en la circunscripción territorial del órgano jurisdiccional ante el que se ha presentado la demanda; y son los tribunales de ese territorio los que están en mejores condiciones de valorar si efectivamente se han vulnerado tales derechos. Pero hay que tener en cuenta que la competencia basada en el lugar donde se ha producido el daño es limitada y sólo va referida a ese territorio en concreto (véase apartados 38 y 39 sentencia *Hi Hotel HCF*).[116]

Cuando se produzca un conflicto con un tercer país que no sea Estado miembro del RBIbis o del CL, pues se habrá de aplicar la LOPJ para fijar la competencia judicial internacional. Y en concreto nos iríamos al artículo 22 quinquies apartado b) LOPJ, que establece la competencia de los tribunales españoles (en materia de obligaciones extracontractuales), si se haya producido el daño en territorio español.

En el caso de que se tratara de una infracción de marcas comunitarias se ha de estar a lo establecido en el artículo 94 RMC que prevé la aplicación supletoria del RBIbis: "Salvo disposición en contrario del presente Reglamento, serán aplicables a los procedimientos en materia de Marcas de la Unión Europea (MUE) y de solicitudes de marca de la Unión Europea, así como a los procedimientos relativos a acciones

---

[115] Disponible en:
http://curia.europa.eu/juris/document/document.jsf?text=&docid=150288&pageIndex=0&doclang=ES&mode=lst&dir=&occ=first&part=1&cid=47405 [Consulta: 18 octubre 2016].
[116] En su apartado 39 establece que: "El artículo 5. 3, Reglamento CE n°. 44/2001 (actual art. 7.2 del Reglamento UE n°. 1215/2012), debe interpretarse en el sentido de que, en caso de pluralidad de presuntos autores del daño alegado a los derechos patrimoniales de autor protegidos en el Estado miembro al que pertenece el órgano jurisdiccional ante el que se ha presentado la demanda, esta disposición no permite determinar, atendiendo al hecho causante de este daño, la competencia de un órgano jurisdiccional en cuya circunscripción territorial no actuó aquel de los presuntos autores contra quien se ejercita la acción, pero permite determinar la competencia de esta jurisdicción atendiendo al lugar en que se ha producido el daño alegado siempre que éste pueda producirse en la circunscripción territorial del órgano jurisdiccional ante el que se ha presentado la demanda. En este este último supuesto, este órgano jurisdiccional únicamente es competente para conocer del daño causado en el territorio del Estado miembro al que pertenece".

simultáneas o sucesivas emprendidas sobre la base de marcas de la Unión Europea y de marcas nacionales, las disposiciones del Reglamento UE n°. 1215/2012 del Parlamento Europeo y del Consejo, de 12 de diciembre de 2012, relativo a la competencia judicial, el reconocimiento y la ejecución de resoluciones judiciales en materia civil y mercantil".

Si la infracción de los derechos de propiedad intelectual o de las normas de competencia desleal son realizadas desde España y vayan dirigidas al ámbito nacional o al extranjero, pues, se ha de tener en cuenta principalmente el lugar de introducción de la información en la Red[117] para localizar el lugar de origen del daño. Ese lugar suele ser el centro de intereses vitales del responsable, que coincide habitualmente con su domicilio.

La mera accesibilidad desde España a un sitio de Internet que utiliza un signo distintivo coincidente con el que el titular tiene protegida en España, o para otras categorías en las que el titular no haya solicitado la marca, no basta para fundamentar que el hecho dañoso ha tenido lugar en España.[118] Sino lo que se entiende es que no puede existir una infracción de marca española, en la medida en que los productos y servicios para los que el tercero utiliza la denominación en Internet no están disponibles en el ámbito espacial de las marcas españolas.

Con lo que para fijar la competencia de los tribunales españoles, en el caso de que el daño se haya producido o sea posible que ocurra, en un futuro, en territorio nacional (en base a los arts. 7.2 del RBIbis y el 22 quinquies apartado b. LOPJ), se ha de tratar de una infracción de una marca española. Además, será necesario que la actividad comercial en Internet por parte del supuesto infractor se extienda al mercado español, bastando que su página web o su publicidad vaya dirigida a

---

[117] Hace referencia al lugar del hecho causal, es decir, donde la información infractora se elabora y se concibe.
[118] Véase García Vidal, A., *Derecho de marcas e Internet*, Ed. Tirant lo Blanch, Valencia, 2002, pp. 206-207.

captar la atención de potenciales clientes en nuestro territorio.[119] En este sentido se ha de tener en cuenta la STJUE de 12 de julio de 2011, C-324/09, *L'Oréal* (véase apartado 65).

Pero esto difiere de lo que establece la sentencia del TJUE de 3 de octubre de 2013, C-170/12, *Pinckney*[120] o la sentencia *Hejduk* (vista anteriormente)[121], en materia de derechos de autor.

El litigio principal de la sentencia *Pinckney* versa sobre lo siguiente:

> El Sr. Pinckney afirma ser el autor, compositor e intérprete de doce canciones grabadas por el grupo Aubrey Small en un disco de vinilo; éste descubre que dichas canciones habían sido reproducidas sin su autorización en CDs prensados por la sociedad Mediatech en Austria, y posteriormente fueron comercializados por las sociedades británicas Crusoe y Elegy en distintos sitios de Internet accesibles desde el domicilio del Sr. Pinckney de Toulouse (Francia). Mediante sentencia de 21 de

---

[119] Tener en cuenta al respecto la Recomendación relativa a la protección de las marcas y otros derechos de propiedad industrial sobre signos en Internet de 2001, adoptada por la Asamblea de la Unión de París y la Asamblea General de la OMPI. *Véase OHLY, A., Kennzeichenkonflikte im Internet, Ed. S. Leible, p. 143.*

[120] En su apartado 47 establece que: "...El artículo 5. 3, Reglamento CE n°. 44/2001 (actual art. 7.2 del Reglamento UE n°. 1215/2012), debe interpretarse en el sentido de que, en caso de que se alegue una vulneración de los derechos patrimoniales de autor garantizados por el Estado miembro del órgano jurisdiccional ante el que se haya presentado la demanda, éste es competente para conocer de una acción de responsabilidad ejercitada por el autor de una obra contra una sociedad domiciliada en otro Estado miembro y que ha reproducido en éste la referida obra en un soporte material que, a continuación, ha sido vendido por sociedades domiciliadas en un tercer Estado miembro a través de un sitio de Internet accesible también desde la circunscripción territorial del tribunal ante el que se ha presentado la demanda. Dicho órgano jurisdiccional únicamente es competente para conocer del daño causado en el territorio del Estado miembro al que pertenece. Es decir, debe interpretarse en el sentido de que, en un litigio relativo a una presunta vulneración del derecho exclusivo de distribución, mediante la oferta en línea de soportes materiales que reproducen un contenido protegido por derechos de autor, o del derecho exclusivo de comunicación, mediante la oferta en línea de contenidos desmaterializados, la persona que se considere lesionada puede acudir tanto ante el tribunal del lugar de establecimiento de las personas que hayan llevado a cabo la oferta en línea de los discos compactos (CD) o la oferta en línea de los contenidos, para solicitar la reparación de todos los perjuicios sufridos, como ante los órganos jurisdiccionales del Estado miembro hacia el que el sitio en cuestión dirija su actividad, para solicitar la reparación del perjuicio sufrido en dicho territorio".

[121] En sus apartados 34 y 38, establece que, "...ha de considerarse que tanto la materialización del daño como el riesgo de dicha materialización se derivan de la posibilidad de acceder, en el Estado miembro al que pertenece el órgano jurisdiccional ante el que se ha ejercitado la acción, a través de Internet de EnergieAgentur, a fotografías amparadas por los derechos que esgrime la Sra. Hejduk".

enero de 2009, la cour d'appel de Toulouse declaró que el tribunal de grande instance de Toulouse no era competente para conocer del asunto, al estimar que el lugar del domicilio de la demandada está en Austria y el lugar donde se ha producido el daño no puede situarse en Francia. Ante esto el Sr. Pinckney interpuso un recurso de casación contra dicha sentencia invocando la infracción del artículo 5.3 del Reglamento 44/2001 (actual art. 7.2 RBIbis). Con respecto a ello se plantea la siguiente cuestión prejudicial, ¿la persona que se considera lesionada puede ejercitar una acción de responsabilidad ante los tribunales de cada Estado miembro cuyo territorio sea o haya sido accesible el contenido ofrecido en línea en Internet, para obtener reparación únicamente del daño causado en el territorio del Estado miembro del órgano jurisdiccional ante el que se haya ejercitado dicha acción? (véase apartados 9-15).

Éstas dos sentencias tienden más a la teoría de la accesibilidad a la página web infractora como elemento determinante para atribuir la competencia en base al artículo 7.2 RBIbis a los tribunales del lugar de manifestación del daño. Adoptando el criterio de que, "...tratándose de una vulneración de derechos territoriales, la accesibilidad del sitio web de Internet relevante en el territorio al que van referidos los derechos cuya protección se reclama, resulta suficiente para fijar el lugar de manifestación del daño".[122]

---

[122] Véase De Miguel Asensio, P. A., *Derecho...*, *op. cit.*, pp. 612-616.

4.2. DERECHO APLICABLE

Una vez determinada la competencia judicial internacional para conocer de una infracción de propiedad industrial o intelectual en el mundo digital, pues, habrá que determinar el Derecho aplicable[123]. Este permitirá al juez resolver sobre el fondo del asunto, dictaminando si se ha producido o no la infracción, y sobre la extensión y consecuencias de la infracción. Para ello se ha de tener en cuenta las siguientes Leyes y Convenios internacionales:

o Convenio de la Unión de París,

o CBe[124],

o ADPIC, y

o Reglamento CE nº. 864/2007 del Parlamento y del Consejo, de 11 de julio de 2007, relativo a la ley aplicable a las obligaciones extracontractuales (en adelante RRII)[125].

Éstos mecanismos coinciden en que la ley aplicable a la tutela de los derechos de propiedad industrial e intelectual es la del territorio para el que se reclama la protección, es decir, se sigue el criterio de la *"lex loci protectionis"*.[126] Con lo que en el caso de España, sólo la LM o la LPI, establecen las reglas determinantes para valorar la supuesta infracción de marcas o derechos de autor españoles en Internet, así como las medidas que se hayan de tomar para su defensa. Pero se ha de tener en cuenta que la regla de la *lex loci protectionis* no excluye que un tribunal de un Estado, como por ejemplo el español, pueda pronunciarse acerca de la infracción de derechos de propiedad

---

[123] En cuanto al régimen aplicable Véase. De Miguel Asensio, P. A., *Derecho...*, *op. cit.*, pp. 630-633. y Fernández Rozas, J. C., Arenas García, R., y De Miguel Asensio, P. A., *Derecho...*, *op. cit.*, pp. 122-126, 152-155.

[124] Hay que tener en cuenta que antes de la entrada en vigor del Reglamento Roma II en 2009, se aplicaba el art. 5.2 del Convenio de Berna para resolver las cuestiones de ley aplicable en materia de propiedad industrial e intelectual.

[125] DOUE L 199 de 31 de julio de 2007.

[126] *Véase* López-Tarruella Martínez, A., "La ley aplicable a la propiedad industrial e intelectual en la Propuesta de Reglamento Roma II", *Gaceta Jurídica de la Unión Europea y de la Competencia*, núm. 235, enero-febrero 2005, pp. 23-43; De Miguel Asensio, P. A, "La lex loci protectionis tras el Reglamento Roma II", *AEDIPr*, 2007, pp. 375-406; Palao Moreno, G., "La protección de los derechos de propiedad intelectual en Europa: el artículo 8 del Reglamento Roma II", *RJDE*, 2008.

industrial e intelectual de otros Estados y de sus consecuencias; sino que sólo exige que aplique la legislación del país que otorga el derecho de propiedad industrial o intelectual supuestamente infringido.

El artículo 8.1 del RRII estable la ley aplicable en caso de infracción de los derechos de propiedad industrial e intelectual: "...La ley aplicable a la obligación extracontractual que se derive de una infracción de un derecho de propiedad intelectual será la del país para cuyo territorio se reclama la protección, es decir, la *lex loci protectionis*". Esta tiene un carácter multilateral, debido a que no tiene en cuenta la residencia de las partes, la nacionalidad, o el lugar en donde se haya cometido la infracción; y en el artículo 3 RRII[127] se establece que, tiene una aplicación universal, es decir, se aplica independientemente de que la ley designada sea la de un Estado miembro de la UE.

En el caso de que la *lex loci protectionis* sea la ley de un Estado de la UE, el artículo 8.1 RRII garantiza la protección de los derechos de propiedad intelectual y la aplicación de derechos materiales internos armonizados a nivel comunitario, a través de varias directivas, como por ejemplo, la Directiva 2001/29/CE[128], de 22 de mayo de 2001 sobre determinados aspectos del derecho de autor y derechos afines en la sociedad de la información y la Directiva 2004/48/CE, de 29 de abril de 2004, relativa al respeto de los derechos de propiedad intelectual.[129]

---

[127] El art. 3 RRII ha desplazado desde el 19 de enero 2009 al art. 10.4 del Código Civil del Estado español.
[128] *DOCE* L 167 de 22 junio 2001.
[129] *Véase* Esteve González, L., "La protección internacional de la propiedad intelectual (derechos de autor y conexos) en el contexto digital: QuoVadis", *UAIPIT*, 1 de julio 2010, disponible en sección de publicaciones: http://www.uaipit.com/files/publicaciones/1280388015_LYDIA_ESTEVE_-_PI_-_QUO_VADIS-01.07.2010.pdf [Consulta: 25 octubre 2016].

El artículo 8.2 RRII fija una regla específica para el caso de infracciones de derechos de propiedad industrial e intelectual de la Unión Europea: "...En caso de una obligación extracontractual que se derive de una infracción de un derecho de propiedad industrial o intelectual comunitario (de la Unión Europea) de carácter unitario, la ley aplicable será la ley del país en el que se haya cometido la infracción para toda cuestión que no esté regulada por el respectivo instrumento comunitario".[130] Mientras que el artículo 8.3 RRII[131], en relación con una infracción de derechos de propiedad industrial o intelectual, excluye la posibilidad de que las partes puedan ponerse de acuerdo y elegir una ley distinta a la *lex loci protectionis*.[132]

En el contexto de Internet se ha de tener en cuenta la Recomendación Conjunta relativa a la Protección de las Marcas y Otros Derechos de Propiedad Industrial sobre Signos en Internet, de 18 de junio de 2001, adoptada por la Asamblea de la Unión de París y la Asamblea General de la OMPI.[133] Lo que establece la Recomendación (que no tiene carácter vinculante) es que quien usa un signo en Internet es responsable por la infracción de una marca nacional con la que entre en conflicto, en la medida en que el uso en Internet suponga un uso en ese Estado, y para ello es necesario que la utilización sea con fines comerciales.[134] Es decir, trata de adecuar el criterio *lex loci protectionis* al ámbito de Internet. El criterio de *lex loci protectionis* en las infracciones a través de Internet conduce a una aplicación acumulativa de las leyes de varios países.

---

[130] En lo referente a la aplicación del derecho del Estado miembro en donde se produce la infracción *véase* Gómez Sánchez, D., *La infracción de la marca comunitaria. Problemas de coexistencia con los Derechos nacionales*, Ed. Marcial Pons, 2011, pp. 263-280.

[131] Art. 8.3 RRII: "La ley aplicable con arreglo al presente artículo no podrá excluirse mediante un acuerdo adoptado en virtud del artículo 14".

[132] *Véase* Calvo Caravaca, A.L./ Carrascosa González, J., *Derecho...*, *op. cit.*, pp. 1364-1368.

[133] Disponible en:
https://www.google.es/url?sa=l&rct=j&q=&esrc=s&source=web&cd=2&ved=0ahUKEwiAy6bVp7fRAh WJxxQKHUdVAuQQFgggMAE&url=http%3A%2F%2Fwww.wipo.int%2Fedocs%2Fmdocs%2Fgovbod y%2Fes%2Fa_36%2Fa_36_8.doc&usg=AFQjCNFuTpRnwLxrdXby0C5arergdjcOxQ&bvm=bv.14342 3383,d.d24 [Consulta: 29 octubre 2016].

[134] *Véase* art. 3.1 de la Recomendación, en donde estable una lista abierta de factores o indicios para determinar si el uso de un signo de Internet tiene un efecto comercial en un Estado miembro.

Con lo que esa regla de conflicto determina que la ley aplicable a la protección de los derechos de propiedad industrial e intelectual es la de su propio territorio, de tal manera que cuando la infracción afecta a una pluralidad de países, la legislación de cada uno de ellos es aplicable con respecto a las infracciones cometidas en su propio territorio.

El Tribunal de Justicia en la STJUE de 12 de julio de 2011, C-324/09, *L'Oréal,* en sus apartados 63, 64 y 65, fija cuál debe ser la interpretación correcta del alcance del criterio de la *lex loci protectionis* con respecto a las actividades de comercialización de productos con marca llevadas a cabo en Internet. Estableciendo que: "...se ha de aplicar la legislación de marcas del territorio al que va orientada la oferta o la publicidad". Es decir, la ley del mercado afectado, que quiere decir que la *lex loci protectionis* recurre a la ley del país de recepción o mercado de destino para valorar la eventual infracción a través de Internet[135]; con independencia de que el tercero responsable de ese acto de comercialización esté establecido en un tercer Estado, que el servidor del sitio de Internet se encuentre en ese Estado o que el producto o servicio objeto de dicha comercialización esté en un tercer Estado.

---

[135] *Véase.* García Mirete, C.Mª., "La Adaptación de las bases de datos electrónicas internacionales al Principio de territorialidad: El mercado afectado", *Tesis Doctoral, Universidad de Alicante,* 2012, pp. 314-315. Disponible en la sección de publicaciones: https://rua.ua.es/dspace/bitstream/10045/24427/1/Tesis_Garcia%20Mirete.pdf [Consulta: 1 noviembre]; y Fernández Rozas, J. C., Arenas García, R., y De Miguel Asensio, P. A., *Derecho...,* *op. cit.,* pág. 126.

Para fijar la ley aplicable en el ámbito de Internet es muy importante analizar la existencia de vínculos más estrechos, es decir, comprobar si el sitio web va orientado a un determinado territorio. Para ello se ha de tener en cuenta: las direcciones geográficas de contacto, el empleo de un nombre de dominio de primer nivel nacional, la moneda o idioma utilizados, se ha de ver el tipo de mercancías o servicios prestados y si la publicidad que aparezca en diferentes portales redirija a los potenciales clientes a dicha página web.

En este sentido el apartado 30 de la STJUE de 21 de junio de 2012, C-5/11, *Titus Alexander Jochen Donner*[136], establece lo siguiente:

> "…un comerciante que dirige su publicidad al público, residente en un Estado miembro determinado, y que crea o pone a su disposición un sistema de entrega y un modo de pago específico, o que permite hacerlo a un tercero, poniendo de este modo a ese público en condiciones de que se le entreguen copias de obras protegidas por derechos de autor en ese mismo Estado miembro, realiza, en el país en que tiene lugar la entrega, una distribución al público, en el sentido del artículo 4.1, de la Directiva 2001/29/CE".

El litigio principal de esta sentencia versa sobre lo siguiente:

> El Sr. Donner, nacional alemán, gerente de la empresa de transportes Inspem, con domicilio social en Bolonia (Italia), pero desarrolla sus actividades desde el lugar de su residencia habitual en Alemania. Este se encarga del transporte de muebles para la empresa Dimensione, que vendía a clientes residentes en Alemania reproducciones de muebles estilo *Bauhaus,* a través de anuncios en revistas, envíos postales dirigidos a sus destinatarios y disponía de un sitio *web* en alemán, realiza las ventas sin la autorización de las licencias exigidas para comercializar estos objetos en Alemania.

---

[136] Disponible en la sección de jurisprudencia:
http://curia.europa.eu/juris/document/document_print.jsf;jsessionid=9ea7d2dc30d5b3c69c87e2bb481
3ad9787c9abc113fd.e34KaxiLc3qMb40Rch0SaxuNbh90?doclang=ES&text=&pageIndex=0&part=1&
mode=DOC&docid=124189&occ=first&dir=&cid=192710 [Consulta: 8 noviembre 2016].

Tales objetos están protegidos en Alemania por derechos de autor en su condición de obras de arte aplicado. En las condiciones generales de venta de Dimensione establece que, "en caso de que los clientes no desean recoger ellos mismos las mercancías que habían encargado ni designar una empresa de transporte que lo hiciera, se recomendaba acudir a Inspem". En el momento de la entrega, Inspem les reclamaba el pago del precio de la mercancía y de los portes. Por ello el tribunal Landgericht München II declaró culpable al Sr. Donner de complicidad en la explotación comercial no autorizada.

Con arreglo al artículo 106 UrhG, la distribución requería la transmisión de la propiedad del objeto vendido y el traspaso del poder de disposición del vendedor al comprador. La transmisión de la propiedad del vendedor al comprador sucedió en Italia, de conformidad con el Derecho italiano, mediante el acuerdo de voluntades y la individualización del objeto vendido. Y el traspaso del poder de disposición, con el consentimiento del Sr. Donner, sólo tuvo lugar en el momento de la entrega al comprador a cambio del pago del precio, en Alemania.

Ante ello el Sr. Donner impugnó la condena, mediante recurso de casación ante el Bundesgerichtshof, alegando que la distribución al público con arreglo al artículo 4.1 de la Directiva 2001/29/CE y al artículo 17 de la UrhG, supone la transmisión de la propiedad de las mercancías y que ésta tuvo lugar en Italia.

Posteriormente el Bundesgerichtshof resolvió plantear al Tribunal de Justicia cuestiones prejudiciales. Y en esencia el Tribunal pregunta, si existe distribución al público con arreglo al artículo 4.1 de la Directiva 2001/29/CE, en el territorio alemán (véase apartados 11-20, de la sentencia *Donner*). Esta cuestión se resuelve tal y como establece el apartado 30 de esta sentencia, antes mencionado.

Con lo que se desprende que el criterio de la aplicación de los vínculos más estrechos puede dar una mayor seguridad y previsibilidad que la *lex loci protectionis* con respecto al titular de los derechos de la propiedad industrial e intelectual infringidos, ya que sería más razonable que se aplicara el derecho que tenga una mayor conexión con el asunto.[137]

4.3.- JURISDICCIÓN COMPETENTE Y DERECHO APLICABLE EN EL CASO PRÁCTICO PLANTEADO

Para determinar la competencia judicial internacional, en los países de la Unión Europea, Andromedical S.L deberá atender a los siguientes pasos:

(I) comprobar si existen competencias exclusivas en materia de propiedad industrial e intelectual (art. 24 RBIbis);

(II) si la empresa tuviera algún contrato con el infractor, por ejemplo si se trata de un distribuidor que a la vez esté vendiendo los productos de Andromedical y otros productos similares, imitaciones, copias o falsificaciones, pues habría que ver si hay sumisión expresa o tácita entre las partes, en base a los artículos 25 y 26 RBIbis, pero esta situación no suele ser la habitual en el mercado electrónico, sino que los infractores en la mayoría de los casos no tienen ninguna relación contractual con el propietario de los derechos protegidos;

(III) el tercer elemento a tener en cuenta es el domicilio del demandado, ya que es donde se encuentra los bienes del demandado, y esto supone una mayor garantía a la hora de cobrar al infractor, por daños y perjuicios (arts. 4.1 RBIbis, 2 CL y 22 d LOPJ);

---

[137] *Véase* Esteve González, L., "La protección…, op. cit., pp.19-20, disponible en sección de publicaciones: http://www.uaipit.com [Consulta: 11 noviembre 2016].

(IV) el cuarto punto, sería valorar el lugar en donde se hubiera producido el daño o pudiera producirse, es decir, el hecho causal o lugar de origen del daño, y el lugar de materialización del daño o mercado afectado (arts. 7.2 RBIbis y 22 quinquies apartado b LOPJ).

El criterio prioritario para fijar la ley aplicable es la *lex loci protectionis,* es decir, el territorio para el que se reclama la protección. Esta regla de conflicto establece que la ley aplicable es la del propio territorio afectado, de tal manera que cuando la infracción es cometida en varios países, la legislación de cada uno de ellos es aplicable con respecto a las vulneraciones producidas en su propio territorio (art. 8.1 RRII).

En segundo lugar, se estará a la ley del país en el que se haya cometido la infracción, es decir, el mercado afectado y el lugar de origen del hecho causal (art. 8.2 RRII).

También es muy importante, en el mercado electrónico, comprobar la existencia de vínculos más estrechos, es decir, ver si la página web está orientada a un determinado territorio; teniendo en cuenta una serie de indicios:

- o dónde se localiza las direcciones geográficas de contacto, empleo de nombre de dominio de primer nivel nacional (ejemplo, .es, .pt, .uk, .it, etc.);
- o moneda e idioma utilizado;
- o tipo de mercancías o servicios prestados;
- o publicidad de referenciación a su web en diferentes prestadores de los servicios de la sociedad de la información;
- o sistema de entrega y modo de pago específico.

5.- DIFERENTES POLÍTICAS INTERNAS DE BUSCADORES, MARKETPLACE Y REDES SOCIALES: PROTECCIÓN DE MARCAS Y DERECHOS DE AUTOR

En este capítulo se da un breve acercamiento a la historia de cada una de las diferentes plataformas (buscadores, Marketplace y redes sociales), y se analiza la política interna de cada una de ellas, haciendo especial hincapié en la protección de marcas y derechos de autor frente a las infracciones cometidas por terceros no autorizados, ya sea con respecto a la piratería, falsificaciones, copias, imitaciones o similares. Tratando así de buscar soluciones alternativas de controversias a través de los medios electrónicos.

5.1. BUSCADORES: GOOGLE, BING Y YAHOO!

Un buscador o motor de búsqueda es un sistema o aplicación informática que permite la búsqueda de todo tipo de términos y palabras clave a partir de índices de archivos almacenados en servidores web. Es decir, un sistema que opera indexando archivos y datos en la web, como si de una telaraña se tratara, para facilitar la búsqueda de los mismos respecto de términos y conceptos que sean relevantes para el usuario, con sólo ingresar una palabra clave.[138]

En cuanto al funcionamiento de los motores de búsqueda, hay que señalar que se dividen en varias etapas:

I) un programa se dedica a explorar o rastrear toda la información disponible en Internet y procede a acumular los datos relevantes acerca de esa información;

II) de forma automática la información es analizada y seguidamente clasificada o indexada; y

III) cuando los internautas efectúan una búsqueda a partir de una o varias palabras y el motor de búsqueda muestra los sitios que parecen ajustarse más a dichas palabras por orden decreciente de pertinencia.[139]

El punto III, se refiere a la definición de los resultados orgánicos de búsqueda (véase STJUE, 23 de marzo de 2010, Google France y Google, C-236/08 a C-238/08, apartado 22).

Por otro lado hay que señalar que los buscadores suelen ofrecer un servicio de publicidad denominado <<enlaces patrocinados>>. En el caso de Google se denomina *AdWords;* y se trata de un servicio remunerado de referenciación que permite a los operadores seleccionar una o varias palabras claves para que, en el caso de que coincidan con las introducidas por los usuarios en el motor de búsqueda, pues, se muestre un enlace promocional a su sitio web.

---

[138] Definición disponible en: http://www.definicionabc.com/tecnologia/buscador.php [consulta: 15 noviembre 2016].
[139] *Véase.* De Miguel Asensio, P.A., *Derecho…, op. cit.,* pág.769.

Este enlace patrocinado se muestra bien en la parte derecha de la pantalla, al lado de los resultados naturales o bien en la parte superior de la pantalla, encima de dichos resultados. Los enlaces promocionales se acompañan de un breve mensaje comercial. El anunciante debe abonar una cantidad por el servicio de referenciación, cada vez que se pulse en su enlace promocional. Esta cantidad se calcula principalmente en función del precio máximo por clic, que el anunciante se haya comprometido a pagar al contratar el servicio de referenciación de Google y del número de veces en que los internautas pulsen en dicho enlace. La misma palabra clave puede ser seleccionada por varios anunciantes. Y el orden de aparición de los enlaces promocionales depende del precio máximo por clic, del número de veces en que se haya pulsado en los enlaces y de la calidad que Google atribuya al anuncio.

Google ha establecido un procedimiento automatizado para la selección de palabras clave y la creación de anuncios. Los anunciantes seleccionan las palabras clave, redactan el mensaje comercial e insertan el enlace a su sitio web (véase la sentencia *Google France y Google*, antes citada, apartados 23 a 27).[140]

Google al establecer un servicio automatizado para la creación de los anuncios y para selección de palabras clave, pues, se exime de responsabilidad en cuanto a su servicio de referenciación, ya que de esta manera no tiene un control sobre los datos almacenados y tampoco ofrece un apoyo activo a la hora de crear un anuncio (con lo que desempeña un papel neutral en cuanto a la condición de intermediario).[141]

---

[140] Para una información más detalla acerca de la historia de los buscadores de Internet, véase: Zurdo Saiz, D., Acevedo, F., y Sicilia, A., *Buscadores de Internet*, Ed. S.A Ediciones Paraninfo, 1998; y Huerta Martínez, M. D., "Historia de los buscadores", publicado 11 de enero de 2011, disponible en: http://culturainformatica.es/articulos/historia-de-los-buscadores/?format=pdf [consulta: 18 noviembre 2016].

[141] *Véase*. STJUE, 23 de marzo de 2010, Google France y Google, C-236/08 a C-238/08, apartado 27, párrafo segundo del apartado 99 y apartado 120.

Pero hay que tener en cuenta que si el titular de un derecho de propiedad intelectual procede a denunciar una infracción ante un buscador, éste ha de actuar con prontitud y tomar una decisión al respecto. Y si el buscador decide no actuar, pues en ese caso, sí sería responsable por no retirar un material infractor. Tal y como se establece en la sentencia *Google France y Google*, antes citada, apartado 120:

> "...el artículo 14 de la Directiva 2000/31 debe de interpretarse en el sentido de que la norma que establece, se aplica al prestador de un servicio de referenciación en Internet cuando no desempeñe un papel activo que pueda darle conocimiento o control de los datos almacenados. Si no desempeña un papel de este tipo, no puede considerarse responsable al prestador de los datos almacenados a petición del anunciante, a menos que, tras llegar a su conocimiento la ilicitud de estos datos o de las actividades del anunciante, no actúe con prontitud para retirar los datos o hacer que el acceso a ellos sea imposible".

5.1.1.- Google

El nombre original del buscador era BackRub, pero en 1997 los fundadores deciden cambiar el nombre a Google, inspirados por el término matemático "gúgol" (que se refiere al número 10 elevado a la potencia de 100), debido a que su objetivo era organizar una enorme cantidad de información en la Web. Larry Page[142] y Serguéi Brin[143] comenzaron Google como un proyecto universitario en 1996 cuando ambos eran estudiantes de ciencias de la computación en la Universidad de Stanford.

La compañía Google Inc. fue fundada el 4 de septiembre de 1998, en Menlo Park, California; y se estrena como un motor de búsqueda en Internet el 27 de septiembre de 1999.

---

[142] Biografía disponible en: https://es.wikipedia.org/wiki/Larry_Page [consulta: 22 noviembre 2016].
[143] Biografía disponible en: https://es.wikipedia.org/wiki/Serguéi_Brin [consulta: 22 noviembre 2016].

Google se diferencia de sus competidores en el sector: por la simplicidad de uso; la rapidez; y por el hecho de que su búsqueda se basa en el análisis de los hipertextos[144], analizando el contenido y dando prioridad a las etiquetas en donde se incluye la información más relevante y con mayor proximidad entre ellas, así como el número de enlaces entrantes internos. Es decir, Google ha incorporado un algoritmo del mundo científico, basado en que lo que hace que un documento sea importante es el número de veces que la comunidad científica lo cita.

Por ello Google considera relevantes aquellas páginas que tienen el contenido que el usuario demanda y además son citadas por otras páginas del sector. También tiene muy en cuenta el nivel de satisfacción del usuario ante una búsqueda, las veces que pincha en cada resultado y el porcentaje de abandonos. Con el paso de los años Google ha ido invirtiendo en el desarrollo de nuevos servicios y comprando otros productos, como por ejemplo: el correo electrónico llamado "Gmail", sus servicios de anuncios publicitarios "Google AdWords", sus servicios de mapas "Google Maps y Google Earth", la compra del sitio web de vídeos "YouTube", "Google Chrome"; y también lidera el desarrollo del sistema operativo basado en Linux, y Android (orientado a los teléfonos inteligentes, tabletas, televisores y automóviles); y dispone de un servicio de gafas de realidad aumentada denominado "Google Glass". Todo ello ha facilitado que Google sea, en la actualidad, el favorito de la mayoría de los usuarios a nivel mundial. Tal y como podemos comprobar en el ranking mundial[145] de los buscadores[146] de Internet.[147]

---

[144] Es una herramienta con estructura secuencial que permite crear, agregar, enlazar y compartir información de diversas fuentes por medio de enlaces asociativos. La forma más habitual de hipertexto en informática es la hipervínculos o referencias cruzadas automáticas que nos llevan a otros documentos. La RAE lo define como "conjunto estructurado de texto, gráficos, etc., unidos entre sí por enlaces y conexiones lógicas".

[145] Disponible en: http://buscadores-web.com [consulta: 5 agosto 2018].

[146] Para una información más detallada acerca del régimen jurídico de los buscadores *véase* De Miguel Asensio, P. A., *Derecho...*, op. cit., pp.768-779.

[147] Para una información más detallada de toda la historia de Google, véase: Vise, David .A., y Malseed, M., *La historia de Google: Los secretos del mayor éxito empresarial mediático y tecnológico de nuestro tiempo*, Ed. La Esfera de los Libros, 2006; Pérez Iglesias, M., Google, Ed. Bresca, 2012; y Suarez Sánchez-Ocaña, A., *Desnudando a Google: la inquietante realidad que no quieren que conozcas*, Ed. Deusto S.A Ediciones, 2012.

5.1.1.1.- Política Interna de Google

Este buscador reconoce la importancia de las marcas[148], y por ello en sus Términos y condiciones de AdWords[149] prohíbe cualquier infracción de los derechos de propiedad intelectual por parte de los anunciantes.

Establece en sus Términos y Condiciones que los anunciantes son responsables de las palabras clave[150] y del contenido que eligen para los anuncios. Si para vender sus productos o falsificaciones el infractor utiliza las marcas comerciales[151] del propietario, sin su autorización, en los anuncios de texto de Google AdWords, el titular de la marca infringida puede presentar una reclamación a Google, que revisará la reclamación y podrá aplicar las restricciones correspondientes en relación con el uso de la marca utilizada.

Un ejemplo jurisprudencial de la aplicación de esta doctrina en EE.UU es el asunto *Playboy Enters., Inc. v. Netscape Comms. Corp.*, (9th Cir. 2004, 354 F.3d 1020), referente a la utilización de denominaciones coincidentes con las marcas del demandante como palabras clave para la comercialización de publicidad de competidores del demandante en el buscador del demandado. La decisión en apelación consideró que esa actividad implicaba la utilización como marca de esas palabras, en circunstancias que pueden ser determinantes para apreciar una infracción de marca en caso de que la actividad genere confusión o produzca menoscabo de la marca.[152]

---

[148] Para la protección de las marcas en Google AdWords *véase:*
https://support.google.com/adwordspolicy/answer/2562124 [consulta: 24 noviembre 2016].
[149] Disponible en:
https://billing.google.com/payments/termsandconditionsfinder?hostOrigin=aHR0cHM6Ly9iaWxsaW5n Lmdvb2dsZS5jb206NDM2OQ [Consulta: 24 noviembre 2016].
[150] Para un análisis comparado de la jurisprudencia en cuanto a las infracciones cometidas a través del uso de palabras claves, véase: OMPI (*Standing Committee on the Law of Trademarks, Industrial Designs and Geographical Indications*), "Trademarks and the Internet", SCT/24/4, de 31 de agosto de 2010, pp. 5-12; y De Miguel Asensio, P., *Derecho…, op. cit.*, pp. 547-560.
[151] Para más información acerca de la protección de las marcas comerciales en Google AdWords acuda a la siguiente página web: https://support.google.com/adwordspolicy/answer/6118 [consulta: 25 noviembre 2016].
[152] *Véase.* De Miguel Asensio, P. A, *Derecho…, op. cit.*, pág. 548

En Europa se destaca la STJUE de 23 de marzo de 2010 , C-238/08, *Google France et Google,* aps. 71, 72, 89 y 90: en la que el Tribunal de Justicia consideró que el uso por el anunciante del signo idéntico a la marca de un competidor como elemento determinante para que se muestre al usuario de Internet la publicidad de productos o servicios ofrecidos por el anunciante (como alternativa a los del titular de la marca o como elemento que puede inducir a error a los internautas sobre el origen de sus productos o servicios), y con respecto a los anunciantes, sí concurre el presupuesto de que la actividad pueda resultar constitutiva de infracción de marca, incluso aunque la marca del tercero no aparezca en el contenido del mensaje publicitario. Con lo que se facilita al titular de la marca que pueda prohibir su uso como palabra clave por el anunciante, siempre que menoscabe alguna de las funciones de la marca, como por ejemplo la indicación del origen del producto, la función publicitaria y la de inversión. Y para el menoscabo de la indicación de origen basta con que resulte tan impreciso sobre el origen de los productos o servicios de que se trata que un internauta normalmente informado y razonablemente atento no pueda determinar, sobre la base del enlace promocional y del mensaje comercial que lo acompaña, si se trata de un tercero anunciante para el titular de la marca o si está vinculado al titular de la marca.

Pero hemos de tener en cuenta que ésta política sólo se aplica a los "Anuncios patrocinados de Google", es decir, no es aplicable a los resultados orgánicos[153] de búsqueda de Google.

---

[153] Son aquellos enlaces a páginas web que aparecen al realizar una búsqueda en Google o cualquier otro buscador y no están patrocinados. Los resultados patrocinados son aquellos que requieren un pago por parte del cliente para que aparezca en las primeras páginas del buscador, con lo que una vez que el anunciante escoge una palabra clave, debe pagar un precio por cada vez que un internauta haga "clic" sobre la palabra clave que actúa como enlace promocional que lo redirige a la página web del anunciante. Por lo que en el caso de los resultados patrocinados, el motor de búsqueda establece un sistema de publicidad, en este caso Google AdWords, que permite mostrar tras la introducción de la palabra clave y junto con los resultados naturales, anuncios publicitarios. Estos anuncios aparecen en la pantalla y suelen consistir en un breve mensaje comercial y un enlace a la página web del anunciante (STS de 26 de febrero de 2016, 620/2016, FJ TERCERO apartado 1 de la –decisión de la Sala-).

Con respecto a la utilización de marcas como palabras clave en sistemas de búsqueda en Internet, se ha de destacar la STS 620/2016, de 26 de febrero (Recurso 264/2014):

> Antecedentes de hechos (FJ PRIMERO apds. 3 y 4).- Maherlo Ibérica, S.L. demandó a Charlet, S.A.M., porque esta compañía había seleccionado como palabras clave (*keywords*) los signos MASALTOS y MASALTOS.COM, en el servicio remunerado de referenciación *AdWords* de *Google.es*, para que, en el caso de que coincidan con los términos introducidos por los usuarios de internet en el buscador, aparezca a partir del año 2011, como enlace patrocinado en la parte superior de los resultados naturales de búsqueda, el siguiente anuncio: "Aumentar su altura de 7 cm <<bertulli-zapatos.es>> Zapatos con plantillas para aumentar la altura *www.bertulli-zapatos.es*". La demanda se basó en los apartados a) -doble identidad- y b) -riesgo de confusión y/o asociación-, del artículo 9.1 RMC, y solicitó:
>
>> 1) la declaración de la infracción de las marcas de la actora;
>>
>> 2) la condena a la cesación del uso de las marcas MASALTOS y MASALTOS.COM como palabra clave (*keyword)* en los motores de búsqueda de internet;
>>
>> 3) la condena al pago de la indemnización de daños y perjuicios cuantificada conforme al criterio de la regalía hipotética (art. 43.2.b LM) y, subsidiariamente, el 1% de la cifra de negocio (art. 43.5 LM);
>>
>> 4) la condena al pago de una multa coercitiva de 600 € diarios por cada día de retraso en el cumplimiento de las anteriores peticiones hasta que se produzca la cesación definitiva de la infracción.

En su FJ TERCERO apartado 3 de la -decisión de la Sala- fija los requisitos para la utilización de marcas registradas como "palabras clave" en los buscadores de Internet:

"(I) que el uso de la marca no menoscabe ni la función indicadora del origen de la marca, ni su función económica;

(II) que resulte claro para el usuario medio de internet que los productos o servicios publicitados no proceden del titular de la marca o de una empresa económicamente vinculada; y de no ser así, que se indique bajo qué circunstancia se venden los productos de una determinada marca a través de una página web distinta de la oficial".

La finalidad de estos requisitos es impedir el riesgo de confusión.

Además destaca la sentencia del caso **Interflora**, en la que el TJUE fija cuándo se menoscaba las funciones mencionadas de las marcas (en sus apartados 44-64 y 66):

"...1) Los artículos 5, apartado 1, inciso a, de la Directiva 89/104 y 9, apartado 1, inciso a, del Reglamento CE n°. 40/94 sobre la marca comunitaria, deben interpretarse en el sentido de que el titular de una marca está facultado para prohibir que un competidor haga publicidad (a partir de una *keyword* idéntica a esa marca que el competidor seleccionó en el marco de un servicio de referenciación en Internet sin el consentimiento del titular) de productos o servicios idénticos a aquéllos para los que la marca esté registrada, cuando dicho uso pueda menoscabar una de las funciones de la marca. Este uso:

a) menoscaba la función de indicación de origen de la marca cuando la publicidad mostrada a partir de la palabra clave no permite o permite difícilmente al consumidor normalmente informado y razonablemente atento determinar si los productos o servicios designados por el anuncio proceden del titular de la marca o de una empresa vinculada económicamente a éste, o si, por el contrario, proceden de un tercero;

b) en cuanto a la función publicitaria, se establece que la elección de un signo idéntico a la marca de un tercero en el marco de un servicio de referenciación de las características de *AdWords*, no priva al titular de una marca de la posibilidad de utilizar eficazmente su marca para informar y persuadir a los consumidores, ya que el objetivo de la publicidad en Internet a partir de palabras clave es simplemente proponer a los internautas alternativas a los productos o servicios de los titulares de dichas marcas; y

c) menoscaba la función de inversión de la marca si supone un obstáculo esencial para que dicho titular emplee su marca para adquirir o conservar una reputación que permita atraer a los consumidores y ganarse una clientela fiel".

En cuanto a las falsificaciones[154], establece que:

"…Los productos falsificados son aquellos que contienen una marca comercial o un logotipo igual a la marca comercial de otro o que sea prácticamente imposible de diferenciar".

Con lo que los infractores imitan las características de la marca del producto para intentar hacerse pasar por un producto auténtico del propietario de la marca. Por ello, Google *AdWords* prohíbe la venta o la promoción de los productos que se describen como copias, réplicas, imitaciones, reproducciones, falsificaciones, imágenes duplicadas o con términos parecidos: cuando hacen referencia al nombre de una marca, para hacerse pasar por productos auténticos del propietario de ésta. La política de falsificaciones se aplica a los productos promocionados en el sitio web o en la aplicación que se muestran en el anuncio. En caso de que se haya producido una infracción a través de la venta de falsificaciones, Google nos facilita un formulario[155] de reclamación al respecto, para que sea posible proceder a la retirada de dicho contenido.

---

[154] Para más información acerca de la política de Google *AdWords* en cuanto a las falsificaciones acuda a la siguiente página web: https://support.google.com/adwordspolicy/answer/176017?hl=es [consulta: 27 noviembre 2016].
[155] Disponible en: http://services.google.com/inquiry/aw_counterfeit [consulta: 27 noviembre 2016].

En cuanto a los Derechos de Autor[156]: Google cumple con la ley estadounidense de protección de derechos de autor (DMCA), y prohíbe la publicación de anuncios en Google, de sitios web con el contenido protegido por la ley de derechos de autor[157]. Y cuando recibe una reclamación de retirada de contenido que sea válida, pues, procede a la retirada del contenido infractor. En caso de infractores reincidentes, se procede al cierre de la cuenta del infractor y se le deniega la posibilidad de abrir otra cuenta en un futuro. Además se ha de tener en cuenta que, en las Condiciones del servicio de Google[158], se establece que al utilizar los servicios de Google se acepta las condiciones fijadas por éste.

En sus Condiciones de Servicio de Google, dispone de un apartado referente a la exención de responsabilidad por la prestación de sus servicios, y establece que: "...en los casos permitidos por la ley, ni Google ni sus proveedores o distribuidores serán responsables por la pérdida de beneficios, ingresos, datos, pérdidas financieras ni por daños indirectos, especiales, derivados, ejemplares o punitivos. En ningún caso, serán responsables por cualquier pérdida o daño que no sean previsibles de forma razonable. Serán responsables por cualquier reclamación realizada bajo las Condiciones de servicio de Google, incluida por cualquier garantía implícita, pero se limita al importe que se haya pagado por usar sus servicios". Y reconoce la protección de los consumidores, que establecen determinados países, como por ejemplo los países europeos.

Para la resolución de conflictos, en el apartado "Acerca de estas Condiciones", fija que se aplicarán las leyes de California, EE.UU, a cualquier controversia que surja o se relacione con las Condiciones o Servicios y se deberán presentar ante los tribunales federales o estatales del Condado de Santa Clara, California, EE.UU.

---

[156] Para más información de cómo trata Google los derechos de autor véase: https://support.google.com/legal/answer/3463239?hl=es&ref_topic=4558877 [consulta: 28 noviembre 2016].
[157] En cuanto al material protegido por derecho de autor según Google, véase: https://support.google.com/adsense/answer/1348688?hl=es ; https://www.youtube.com/watch?v=3ocGFz6uExM [consulta: 28 noviembre 2016].
[158] Condiciones del servicio de Google, última modificación del 14 de abril de 2014, disponible en: http://www.google.com/intl/es-419/policies/terms/ [consulta: 29 noviembre 2016].

5.1.2.- Bing

Es el buscador de la empresa Microsoft presentado el 28 de mayo de 2009, en la conferencia *"All Things Digital[159]"* en San Diego, EE.UU y lanzado al público el 3 de junio de 2009. Es el más reciente de los grandes buscadores y es la continuación de Live Search, Windows Live Search y MSN Search. Su funcionamiento se basa en ofrecer una lista de sugerencias de búsquedas en tiempo real y una lista de las búsquedas relacionadas (llamado "Panel de Exploración", en el lado izquierdo de los resultados de búsqueda), con sugerencias basadas en tecnología semántica[160]. De momento es el segundo buscador más utilizado en el panorama Internacional, según el ranking de los buscadores[161], situándose por detrás de Google. Bing realiza búsquedas de manera rápida y sencilla, es una alternativa a Google. Es muy utilizado por el sector informático gracias a los comandos de la búsqueda avanzada. Uno de los puntos más característicos de Bing es el cambio de imagen de fondo diario, mostrándonos diferentes lugares paradisíacos de todo el mundo[162].

---

[159] "Entrevista a Steve Ballmer CEO Bing", disponible en: http://allthingsd.com/20090528/d7-interview-steve-ballmer/ [consulta: 30 noviembre 2016].

[160] La tecnología semántica desarrolla relaciones entre datos en diferentes formatos y de diferentes fuentes, desde una cadena de caracteres a otra, ayudando así construir un contexto y desarrollando enlaces entre estas diferentes relaciones. Esta define y conecta datos en la web dentro de una empresa a través del desarrollo de lenguajes que permiten expresar relaciones entre los datos de una manera integral y auto descriptiva que puedan ser procesadas por ordenadores. También ofrece la capacidad de almacenar, administrar y recuperar información basada en relaciones lógicas y relevantes. Con lo que en vez de mostrar únicamente coincidencias de palabras, va más allá, y es capaz de mostrar situaciones y datos relacionados. Disponible en: http://ontotext.com/knowledgehub/fundamentals/semantic-web-technology/ [consulta: 30 noviembre 2016].

[161] Véase el ranking de los buscadores disponible en el siguiente enlace: http://buscadores-web.com [consulta: 30 noviembre 2016].

[162] Para más información sobre la historia de Bing, véase: https://es.wikipedia.org/wiki/Bing y http://posicionamientoenbuscadoreswebseo.es/toreando-a-google-3/toreando-a-google-introduccion/breve-historia-de-los-buscadores/ [consulta: 30 noviembre 2016].

5.1.2.1.- Política Interna de Bing

En el apartado 3. a) VIII del Contrato de Servicios de Microsoft[163], se prohíbe el contenido, el material o las acciones que puedan infringir los Términos de los servicios de Microsoft. Y los usuarios que acepten sus términos, no deberán infringir los derechos de otras personas o entidades (por ejemplo, el uso compartido no autorizado de música o material protegidos por derechos de propiedad intelectual).

En su política interna, en el apartado de "Uso de los Servicios"[164] se establece que está prohibido:

o cargar, archivos que contengan imágenes, fotografías, software u otro material protegido por las leyes de propiedad intelectual, incluyendo, a modo de ejemplo, los derechos de autor o marcas registradas;

o utilizar cualquier material o información, incluyendo imágenes o fotografías, que estén disponibles a través de sus servicios, de cualquier manera que infrinja los derechos de autor, marca, patente, o secreto comercial.

Para proceder a una denuncia por infracción de derechos de autor, Microsoft sigue la DMCA, y de conformidad con el Título 17 del Código de los Estados Unidos, Sección 512 (c) (2), las notificaciones de infracción de derechos de autor deben ser enviadas al Agente Designado del Proveedor de Servicios (en este caso dmcaagnt@microsoft.com).[165]

---

[163] Disponible en el siguiente enlace: https://www.microsoft.com/es-es/servicesagreement/ [consulta: 30 noviembre 2016].
[164] Disponible en el: https://www.microsoft.com/en-us/legal/intellectualproperty/copyright/default.aspx [consulta: 30 noviembre 2016].
[165] Disponible en: https://www.microsoft.com/info/MSDMCA.aspx [consulta: 2 diciembre 2016].

También dispone de un formulario[166], en el que se agiliza el procedimiento y permite al propietario de los derechos de autor monitorizar el estado de sus quejas.

En el apartado 3. b) del Contrato de servicio de Microsoft se establece las acciones que puede tomar en caso de que se infrinjan las obligaciones detalladas en el apartado 3. a), y son las siguientes:

- o la interrupción de los servicios prestados;

- o el cierre de la cuenta de Microsoft con carácter inmediato por causa justificada;

- o eliminar el contenido o bloquearlo en cualquier momento si se informa a Microsoft que dicho contenido podría infringir la legislación aplicable o los Términos de Microsoft.

Para la resolución de conflictos surgidos, el apartado 10 del Contrato de Servicios de Microsoft, establece que en el caso de los Servicios de la marca Skype, el contrato se somete a la jurisdicción y ley aplicable de Luxemburgo (S.à.r.l, 23–29 Rives de Clausen, L-2165 Luxembourg). Para el resto de servicios, en el caso de los residentes en Europa, si se utilizan servicios gratuitos de Bing o MSN el contrato se celebra con Microsoft Corporation, One Microsoft Way, Redonda, DA 98052, U.S.A. La legislación del Estado de Washington (EE. UU.) regirá para todas las reclamaciones relativas a los Servicios gratuitos, sin perjuicio de las disposiciones legales obligatorias que sean de aplicación en el país al que dirigimos los Servicios y que corresponde al lugar de residencia habitual del usuario.

---

[166] Para acceder al formulario hay que poseer una cuenta de Microsoft. Y se puede acceder para ello al siguiente enlace: https://www.bing.com/webmaster/tools/contentremovalform?rflid=1&rflid=1 [consulta: 2 diciembre 2016].

En el caso de que se haya pagado por los Servicios (como por ejemplo Outlook), pues, se celebra un contrato con Microsoft Ireland Operations Limited, The Atrium Building, Block B, Carmanhall Road, Sandyford Industrial Estate, Dublin 18, Ireland. Y la legislación a tener en cuenta será la del país al que Microsoft dirige sus Servicios y que corresponde a su lugar de residencia habitual. Con respecto a la jurisdicción, entre el usuario y Microsoft, pues, acuerdan elegir los tribunales del país al que dirigen los Servicios y en el que el usuario tiene su lugar de residencia habitual[167], para resolver todos los litigios derivados de los Términos de Uso o relacionados con ellos. En el apartado 12 se recoge la limitación de la responsabilidad por parte de Microsoft.

5.1.3.- Yahoo!

Es una empresa con sede en Sunnyvale, California, Estados Unidos que posee un motor de búsqueda en Internet, un directorio web y otros servicios como por ejemplo el correo electrónico de Yahoo!. Fue fundada en enero de 1994, por Jerry Yang[168] y David Filo[169], mientras eran estudiantes de la Universidad de Stanford. Se constituyó como empresa el 2 de marzo de 1995 y comenzó a cotizar en la bolsa en 1996. Su nombre proviene de unos personajes del libro "Los viajes de Gulliver", de Jonathan Swift, llamados Yahoos (un grupo de personajes que se caracterizaban por tener una personalidad inquieta y salvaje).

---

[167] Tal y como establece la Sentencia *Wintersteiger,* en su apartado 39: "un litigio relativo a la vulneración de una marca registrada en un Estado miembro como consecuencia del uso, por un anunciante, de una palabra clave idéntica a dicha marca en el sitio de Internet de un motor de búsqueda que opera bajo un dominio nacional de primer nivel de otro Estado miembro, puede someterse [...] a los órganos jurisdiccionales del Estado miembro del lugar de establecimiento del anunciante", es decir, a la residencia habitual del usuario o demandado.

[168] Para más detalles acerca de la biografía de Jerry Yang, véase: https://en.wikipedia.org/wiki/Jerry_Yang; https://inversian.com/biografia-jerry-yang/ [consulta: 2 diciembre 2016].

[169] Para saber más acerca de la biografía de David Filo, véase: https://en.wikipedia.org/wiki/David_Filo [consulta: 2 diciembre 2016].

En los últimos años los encargados de la dirección de Yahoo! han estado cometiendo muchos errores, que han mermado la capacidad de éste para estar al mismo nivel que sus competidores (Google y Bing). Ello debido a que se han producido muchos cambios de consejeros delegados, que han tomado estrategias mal elaboradas. Y por si fuera poco, en septiembre de 2016 reconoce el "hackeo" de 500 millones[170] de cuentas de sus usuarios, ocurrido a finales de 2014; y en diciembre de 2016 reconoce un segundo "hackeo" masivo, de 1.000 millones[171] de cuentas afectadas, ocurrido en agosto de 2013.

Como consecuencia de todas estas circunstancias, el 25 de julio de 2016 fue anunciada la compra de Yahoo! por parte de la operadora de telecomunicaciones Verizon, por 4.830 millones de dólares (un precio de saldo para una compañía que llegó a valer 125.000 millones de dólares)[172], y la fusionará con AOL, su compañía de medios digitales.[173] Pero a raíz del segundo hackeo, Verizon pidió una revisión de la última cifra pactada, y la renegociación se retrasó al segundo trimestre de 2017[174].

---

[170] Hackeo de 500 millones de cuentas, disponible en:
https://actualidad.rt.com/actualidad/219450-yahoo-filtracion-masiva-datos-usuarios [consulta: 2 diciembre 2016].
[171] Hackeo de 1.000 millones de cuentas, disponible en:
http://www.elconfidencial.com/tecnologia/2016-12-14/yahoo-hackeo-internet-seguridad-informatica_1304213/ [consulta: 2 diciembre 2016].
[172] Noticia disponible en:
http://www.lavanguardia.com/tecnologia/20160726/403467043493/yahoo-verizon-compra-caida-google.html; http://www.expansion.com/economia-digital/companias/2016/07/30/579b4690ca4741a31a8b4623.html [consulta: 2 diciembre 2016].
[173] Para más detalles acerca de la historia de Yahoo! véase:
https://es.wikipedia.org/wiki/Yahoo! [consulta: 2 diciembre 2016]; Akdeniz, C., *The Return of Yahoo!: How Marissa Mayer did it*, Ed. Paperback, 2015; Carlson, N., *Marissa Mayer and The Fight to Save Yahoo!*, Ed. Paperback, 2016.
[174] Retraso de la venta de Yahoo a Verizon al segundo trimestre de 2017, disponible en:
http://www.ticbeat.com/tecnologias/yahoo-retrasa-la-venta-a-verizon-hasta-el-segundo-trimestre-de-2017/ [consulta: 2 diciembre 2016].

Las negociaciones, finalmente, terminaron en junio de 2017 con la compra de Yahoo! Por 4.480 millones de dólares. Con un acuerdo de crear una nueva empresa, denominada Altaba, con la finalidad de compartir las responsabilidades de las posibles indemnizaciones por las brechas de seguridad, que han afectado a 1.500 millones de usuarios de Yahoo!, entre los años de 2013 y 2014.[175]

El resultado de la fusión de AOL y Yahoo!, da lugar a una compañía llamada Oath, que está dirigida por Timothy M. Armstrong.[176]

5.1.3.1.- Política Interna de Yahoo!

Yahoo! es una entidad comprometida con el respecto a los derechos de autores y creadores. Por ello establece los medios para la defensa de estos derechos en el ámbito de Internet. En el apartado 23.2 de las Condiciones de Servicio de Yahoo![177] establece qué hacer ante las infracciones referentes al *Copyright,* y nos redirige a otra página web[178] en donde se explica detalladamente los pasos que se han de seguir para defender tanto los derechos de propiedad intelectual como los derechos de propiedad industrial. Establece en los apartados 7.1.1 y 14.2 de las Condiciones de Servicio de Yahoo!, las acciones que se podrán tomar en caso de que se haya cometido alguna infracción, como por ejemplo: inhabilitar o eliminar las cuentas de aquellos usuarios que vulneren los derechos de propiedad intelectual e industrial de terceros.

---

[175] Últimas noticias sobre cómo terminaron las negociaciones de la compra de Yahoo! Por Verizon, disponible en:
https://cincodias.elpais.com/cincodias/2017/02/21/tecnologia/1487698227_076411.html;
https://www.elespanol.com/economia/empresas/20170613/223478133_0.html;
http://www.elfinanciero.com.mx/tech/entre-hackeos-asi-fue-la-compra-de-yahoo [consulta: 5 agosto 2018].
[176] Para más información, *véase:*
http://www.eleconomista.es/tecnologia/noticias/8427253/06/17/Verizon-completa-la-compra-de-Yahoo-por-3997-millones.html [consulta: 5 agosto 2018].
[177] Las Condiciones de Servicio de Yahoo!, disponibles en:
https://policies.yahoo.com/ie/es/yahoo/terms/utos/index.htm [consulta: 4 diciembre 2016].
[178] Procedimiento de protección de la propiedad intelectual e industrial en Yahoo!, disponible en: https://policies.yahoo.com/ie/es/yahoo/ip/index.htm [consulta: 4 diciembre 2016].

En los apartados 19 y 20 de las Condiciones de Servicio de Yahoo! se establecen la limitación y la exención de responsabilidades. En el apartado 19 se establece que Yahoo!, sus filiales, afiliados y licenciantes, no tienen responsabilidad hacia el usuario en cuanto a una compensación por pérdidas financieras o pérdida de oportunidad, buena voluntad, reputación, negocios, ingresos, beneficios, o ahorros que esperase hacer, o valoración de pérdidas, en los siguientes casos:

o por cualquier información o Contenidos del Usuario que se hayan perdido, dañado o entregado incorrectamente;

o por cualquier daño a un sistema informático, acceso a Internet, descarga o dispositivo de visualización o pérdida de datos resultante de la descarga de cualquier material;

o por cualquier cambio que Yahoo! pueda realizar en los Servicios de Yahoo! o el Software;

o por la no disponibilidad de cualquiera de los Servicios de Yahoo! o el Software;

o por cualquier pérdida que no se hubiese previsto de forma adecuada debida al uso de los Servicios de Yahoo! o el Software para negocios;

o o por cualquier pérdida que pueda sufrir si infringe las Condiciones, incluyendo el no proporcionar a Yahoo! Datos de Registro precisos y actuales, o no mantener de forma segura y confidencial los datos de su contraseña o cuenta.

En su apartado 19.3 se hace responsable, en caso de daño físico o muerte, si se trata de resultado directo por la negligencia de Yahoo!. En el apartado 20.1 se aclara que la información obtenida a través de los Servicios de Yahoo! es únicamente para fines informativos y nunca debe utilizarse para sustituir el consejo de un profesional cualificado; con lo que todo lo referente a información financiera, legal o a la salud se ha de confirmarse con un profesional cualificado.

En caso de conflicto de leyes, el apartado 25.3 de las Condiciones de Servicio de Yahoo! establece lo siguiente, "…Nuestra relación, estas Condiciones y las obligaciones no contractuales relacionadas con ellas se regirán por la legislación irlandesa. Los tribunales de Irlanda tienen jurisdicción para resolver cualquier litigio en relación con estas Condiciones o las obligaciones no contractuales relacionadas con ellas". Con lo que en caso de controversia, pues, hay una sumisión a los tribunales y leyes de Irlanda.

5.2. MARKETPLACE: AMAZON, EBAY, ALIBABA Y DHGATE

La traducción al español de *Marketplace* es "mercado digital o electrónico". Y se trata de un tipo de página web en la que se producen transacciones entre compradores y vendedores (ya sea entre empresas, empresa-consumidor, o de un particular a otro). Podríamos imaginar un *Marketplace* como un centro comercial virtual, que ofrece un espacio a cada tienda o usuario para que puedan promocionar sus productos a través de Internet. Hay diferentes tipos de *Marketplace*[179], los principales son los siguientes:

> ➢ Business To Consumer (en adelante B2C): la traducción al español es "de la empresa al consumidor". Se trata de la venta directa de productos o servicios por parte de una empresa al consumidor final. Un claro ejemplo de B2C sería Amazon y Aliexpress.

> ➢ Consumer To Consumer (en adelante C2C): la traducción al español es "de consumidor a consumidor". Se refieren a plataformas en donde los consumidores compran y venden entre ellos. Se suelen utilizarse para la compraventa de productos de segunda mano entre particulares. A este respecto es importante destacar eBay y Taobao a nivel mundial, y a nivel nacional

---

[179] Para una información más detallada acerca de los diferentes tipos de *Marketplace* y de sus ventajas e inconvenientes, véase: https://uvadoc.uva.es/bitstream/10324/5942/1/TFG-O%20174.pdf; http://www.cea.es/upload/ebusiness/modelos.pdf; http://marketing4ecommerce.net/marketplace-5-ventajas-5-inconvenientes-para-ecommerce/ [consulta: 4 diciembre 2016].

SegundaMano (actualmente se denomina Vibbo), Wallapop, Facebook e Instagram.

➢ Business To Business (en adelante B2B): la traducción al español es "de empresa a empresa". Y hace referencia a las empresas que realizan transacciones entre ellas a través de Internet. Se aplica a la relación existente por ejemplo entre un fabricante y su distribuidor, o entre un distribuidor mayorista a un minorista o autónomo. Como B2B hay que destacar Alibaba y DHgate.

5.2.1.- Amazon

Es una plataforma B2C estadounidense, que se dedica al comercio electrónico y servicios de computación en la nube, con sede en la ciudad de Seattle, Estado de Washington. Fue fundada en 1995 por Jeffrey Bezoz[180]. Su lema es *"and you're* done" (en español "Estás listo"). Fue una de las primeras grandes compañías en vender bienes a través de Internet. En sus inicios Amazon se trataba de una tienda online de libros, pero con el tiempo y gracias a su gran éxito alcanzado, dieron inicio a la comercialización de otros productos tales como películas, videojuegos, CDs de música, software[181], electrónica, ropa, muebles, comida, etc. Es la empresa que más ha elevado su valor de marca en 2016 según el índice BrandZ de dicho año, hasta alcanzar un valor de 99.000 millones de dólares.[182]

---

[180] Biografía de Jeffrey Bezoz, disponible en: https://es.wikipedia.org/wiki/Jeff_Bezos [consulta: 5 diciembre 2016].
[181] La RAE lo define como "conjunto de programas, instrucciones y reglas informáticas para ejecutar ciertas tareas en una computadora". Es decir, abarca a todo tipo de aplicaciones informáticas, como por ejemplo los procesadores de textos, las plantillas de cálculos, los editores de imágenes, etc.
[182] Historia de Amazon desde sus inicios, disponible en: http://www.xataka.com/historia-tecnologica/amazon-un-gigante-con-luces-y-sombras [consulta: 7 diciembre 2016]; Brad, S., *La Tienda de los Sueños: Jeff Bezos y la era de Amazon,* Ed. Anaya Multimedia, 2014.

5.2.1.1.- Política Interna de Amazon

En el apartado tercero de las Condiciones de Uso de Amazon[183], para España y la Unión Europea, se establece que "todo contenido alojado o puesto a disposición en cualquiera de los servicios de Amazon, son propiedad de Amazon o de sus proveedores de contenido y está protegido por las leyes de Luxemburgo así como por la legislación internacional sobre los derechos de propiedad intelectual, derechos de autor y derechos sobre las bases de datos". Con lo que podemos ver que se establece una sumisión expresa a las leyes de Luxemburgo.

En su apartado noveno establece los medios para proceder a la reclamación en caso de que se haya infringido los derechos de propiedad intelectual y nos redirige a su apartado 19, en donde fija el procedimiento y el formulario[184] que se han de cumplimentar, en caso de vulneración de los derechos y las acciones que pueden tomar al respecto, como puede ser la supresión de la información o del producto que infrinjan los derechos protegidos.

Hay dos formularios disponibles:

(I) si estás registrado como vendedor en la plataforma de Marketplace de Amazon;

(II) por otro lado si eres un cliente o consumidor final de Amazon, es decir si compras cualquier producto de Amazon, y deseas informar acerca de cualquier problema con el pedido, infracciones por otros vendedores de la política de Amazon, etc.

Amazon se exime de responsabilidades de los siguientes supuestos, (apartado 13):

(I) cualesquiera pérdidas que no fueran atribuibles a incumplimiento alguno por su parte,

---

[183] Disponible en el siguiente enlace, actualización de 7 de marzo de 2016: https://www.amazon.es/gp/help/customer/display.html/ref=footer_cou?ie=UTF8&nodeId=20054 5940 [consulta: 7 diciembre 2016].
[184] Los formularios están disponibles en el siguiente enlace: https://www.amazon.es/gp/help/reports/infringement [consulta: 7 diciembre 2016].

(II) pérdidas empresariales (incluyendo lucro cesante, de ingresos, de contratos, de ahorros previstos, de datos, pérdida del fondo de comercio o gastos innecesarios incurridos), ni de

(III) cualesquiera pérdidas indirectas o de carácter consecuencial que no fueran razonablemente previsibles por ambas partes en el momento en que el usuario hubiera comenzado a utilizar los Servicios de Amazon, y

(IV) tampoco será responsable de ninguna demora o falta de cumplimiento de sus obligaciones derivadas de sus Condiciones de Uso si dicha demora o falta de cumplimiento fuera atribuible a circunstancias ajenas a su control razonable.

- Esta disposición no afecta al derecho del cliente a recibir el producto o la prestación del correspondiente servicio en un plazo razonable, o a recibir el oportuno reembolso para el caso de que no pudiéramos suministrarle tales productos o servicios en un plazo razonable por cualquier causa ajena a su control razonable.

En cuanto a la Ley aplicable, el apartado 14, establece lo siguiente: "…Las presentes condiciones se regirán e interpretarán de conformidad con las leyes del Gran Ducado de Luxemburgo, excluyéndose expresamente la aplicación de la Convención de las Naciones Unidas sobre los Contratos de Compraventa Internacional de Mercaderías. Ambas partes acordamos someternos a la jurisdicción no exclusiva de los tribunales de distrito de la ciudad de Luxemburgo, lo que significa que usted podrá reclamar sus derechos como consumidor en relación con las presentes Condiciones de Uso tanto en Luxemburgo como en su Estado Miembro de residencia en la Unión Europea. Y también ofrece una plataforma para la resolución alternativa de conflictos".[185]

---

[185] Disponible en el siguiente enlace: https://webgate.ec.europa.eu/odr/ [consulta: 9 diciembre 2016].

5.2.2.- eBay

Es un sitio web C2C, destinado a la subasta de productos a través de Internet. Fue el primer sitio de subastas online en todo el mundo, fundado en 1995 por Pierre Omydiar[186], en San José, California. En 1998 se incorpora a eBay Margaret Cushing Whitman[187], que fue la responsable de llevar a cabo la salida a Bolsa de la compañía en el NASDAQ[188].

Tras este suceso, sufre un crecimiento exponencial, lo que ha permitido a la empresa expandirse y adquirir otras empresas como:

o "iBazar" por 100 millones de dólares, se trata de una empresa francesa que se dedica a las subastas por Internet; y

o "PayPal" en 2002 por 1.500 millones de dólares, se trata de una pasarela de pago por Internet (pero en julio de 2015 se separa completamente de PayPal).

La empresa ha extendido su presencia a todo el mundo, con millones de usuarios registrados y miles de trabajadores que dan a esta plataforma miles de millones de dólares de beneficios anuales. Esta plataforma es considerada, en la actualidad, como uno de los mejores sitios de subastas en Internet, principalmente en artículos de colección o difíciles de encontrar.

---

[186] Biografía disponible en: https://es.wikipedia.org/wiki/Pierre_Omidyar [consulta 9 diciembre 2016].
[187] Biografía disponible en: https://es.wikipedia.org/wiki/Meg_Whitman [consulta: 9 diciembre 2016].
[188] Es el índice bursátil en el que cotizan las empresas tecnológicas en Estados Unidos. En inglés "*National Association of Securities Dealers Automated Quotation*".

5.2.2.1.- Política Interna de eBay

En las Condiciones de Uso de eBay[189], en el apartado "Ámbito", se establece que eBay es una plataforma de compraventa que permite a los usuarios ofrecer, vender y comprar prácticamente de todo, en una amplia variedad de formatos de precio y ubicaciones. En el apartado denominado "General", nos indican que disponen de un programa (VeRO)[190] para verificar y asegurar que los artículos puestos en venta no infringen los derechos de propiedad industrial e intelectual de terceros. Con este programa eBay se compromete a hacer todo lo que este en sus manos, para proteger los derechos de propiedad industrial e intelectual, haciendo posible que los titulares de los derechos mencionados puedan denunciar a los anuncios que infrinjan tales derechos.[191]

Con respecto a los derechos de *copyright*[192], establece lo siguiente:

(I) la copia, modificación y el posible vínculo al contenido creado por otras personas puede hacer que se incurra en responsabilidad legal;

(II) no está permitido copiar: al preparar los anuncios de venta o redactar el contenido para publicar, se ha de utilizar sólo material y marcas registradas o nombres que haya creado uno mismo o que el propietario haya autorizado su uso;

---

[189] Disponible en: http://pages.ebay.es/help/policies/user-agreement.html [consulta: 9 diciembre 2016].

[190] Disponible en los siguientes enlaces: http://pages.ebay.es/vero/index.html; http://pages.ebay.es/vero/notice.html [consulta: 10 diciembre 2016].

[191] De hecho el TJUE en la sentencia de 12 de julio de 2011, C-324/09, L'Oréal y otros, apartado 46, "constata que eBay ha instalado filtros para identificar los anuncios que puedan incumplir las condiciones de utilización del sitio web y que ha desarrollado un programa denominado VeRO (*Verified Rights Owner*, en español, titular de derechos verificado), que se trata de un sistema de notificación y retirada de contenido, destinado a facilitar que los titulares de derechos de propiedad intelectual soliciten la retirada del mercado electrónico de los anuncios infractores".

[192] Disponible en: http://pages.ebay.es/help/sell/copyrights.html [Consulta: 10 diciembre 2016].

(III) están prohibidos los enlaces no autorizados a fotos, y establecer algún vínculo a una foto perteneciente a otra persona, de manera que aparezca en un anuncio, sin su consentimiento. Si se copia el texto o la fotografía original de la venta de otra persona, o de cualquier otra página web, es posible que se esté infringiendo el copyright de otra persona. Estas podrán solicitar la finalización de la venta mediante el Programa VeRO.

A continuación, se exponen algunos ejemplos de comportamientos susceptibles de infracción:

- Copiar el texto de otra persona, sin permiso, y pegarlo en un anuncio para vender el mismo artículo. El hecho de realizar ligeras modificaciones al texto no se librará de incurrir en responsabilidad, si el texto es básicamente igual que el original.

- Copiar la URL de una fotografía que aparece en un sitio Web de un fabricante de teléfonos móviles o en cualquier anuncio de otro usuario, haciendo que la fotografía aparezca en tu anuncio.

No están permitidos los artículos confusos. Si se está vendiendo un producto de una marca, se permite mostrar una foto del producto y hacer referencia a la empresa por el nombre, pero no se podrá hacerlo de manera que sugiera que la venta se ha aprobado, patrocinado o aprobado por el fabricante, que existe una conexión o relación especial entre el fabricante y el usuario. Además, se ha de tener cuidado de no vender productos con el nombre de una empresa que no haya fabricado el producto, ya que en ese caso se trataría de una falsificación. Ejemplos de artículos susceptibles de infracción:

- Venta de gafas de sol, sin marca, pero se utiliza la marca registrada Rayban en el artículo; o un peluche que no es de Disney pero utiliza una fotografía de Mickey Mouse en el artículo.

En este sentido, el Tribunal de Justicia de la UE señaló en la sentencia de 12 de julio de 2011, C-324/09, *L'Oréal* y otros, apartado 47, que eBay impone sanciones, como la suspensión temporal o la exclusión definitiva, a los vendedores que infringen las condiciones de uso del mercado electrónico.

La política interna de eBay también dispone de un apartado denominado "Responsabilidad", en el que se exime de ciertas responsabilidades, estableciendo que no son responsables frente al usuario por responsabilidad contractual o extracontractual:

"...por cualquier pérdida de negocio y lucro cesante, tal como la pérdida de datos, beneficios, ingresos, negocios, oportunidades, fondo de comercio, reputación o la interrupción del negocio, o por las pérdidas que no sean razonablemente previsibles y que surjan directa o indirectamente de:

- tu uso, o tu incapacidad para utilizar, nuestros Servicios;

- precios, gastos de envío u otra información proporcionada por eBay;

- retrasos o interrupciones en nuestros Servicios; virus u otro software malicioso obtenido tras acceder o enlazar con nuestros Servicios;

- deficiencias, fallos, errores o imprecisiones de cualquier tipo en nuestros Servicios;

- daños a tus equipos de hardware por la utilización de cualquier Servicio de eBay;

- el contenido, acciones u omisiones de terceros, incluidos artículos anunciados utilizando nuestros Servicios o la destrucción de artículos supuestamente falsificados;

- una suspensión u otra medida tomada con respecto a tu cuenta o incumplimiento de la sección Abusos en eBay;

- la duración o la forma en que tus anuncios aparecen en los resultados de búsqueda según lo establecido en la sección de las Condiciones para publicar anuncios, o la necesidad de que modifiques tus prácticas, el contenido o el comportamiento, o tu pérdida o imposibilidad de hacer negocios, como consecuencia de los cambios en estas Condiciones de Uso o nuestras políticas".

Con lo que toda la responsabilidad recae sobre los usuarios, al establecer que el usuario acepta toda la responsabilidad por la legalidad de sus actos bajo la legislación que le resulte aplicable, así como por la legalidad de los artículos que el usuario anuncie en eBay.

Por otro lado, en su apartado "Resolución de disputas", establece que en caso de disputa, en primer lugar se ha de recurrir a los procedimientos alternativos de resolución de conflictos, tales como la mediación o el arbitraje como alternativa a los litigios. Y establece que cualquier reclamación, disputa o asunto que surja en conexión con sus Condiciones de uso, se regirán y se interpretarán por la jurisdicción y por leyes de cada Estado. En el caso de eBay.es se regirán por la jurisdicción de los juzgados y tribunales de España y según las leyes españolas.

5.2.3.- Alibaba y Aliexpress

En sus inicios era un portal B2B, que conectaba a los fabricantes chinos con compradores extranjeros. La web de Alibaba.com fue fundada en 1999 por Jack Ma[193], con sede en Hangzhou. En el año 2000 creó un portal C2C denominado Taobao, para hacer la competencia a eBay. Este cuenta con mil millones de productos en línea y es uno de los 20 sitios web más visitados a nivel mundial. En 2005, Yahoo! Invirtió 1 billón de dólares en Alibaba por el 40% de sus acciones, y fue una gran inversión para ambos, ya que la inversión de Yahoo! se convirtió en 10 billones de dólares.

---

[193] Breve biografía de Jack Ma y un relato de cómo creó su imperio: https://www.gooali.com/blogs/aliexpress/82661636-jack-ma-su-inspiradora-historia [consulta: 11 diciembre 2016].

Alibaba posee además, un comparador de precios "aTao", y un servicio de pago llamado "Alipay" (es el equivalente chino de PayPal), que representa aproximadamente la mitad de todas las transacciones de pago en línea de China. La gran mayoría de estos pagos se producen tras el uso de los servicios de Alibaba. Los sitios web de Alibaba Group (Alibaba, Taobao y AliExpress) son responsables de más del 60% de los paquetes entregados en China.

En el año de 2010, el grupo de Alibaba fundó AliExpress, que a diferencia de Alibaba, es una plataforma orientada a la venta al por menor, de productos a bajo coste, en la que conecta directamente a los fabricantes chinos con los compradores particulares, es decir un B2C. Se diferencia de Taobao, porque los vendedores son principalmente pequeñas y medianas empresas chinas, y la mayoría de sus compradores, pues, son consumidores de países extranjeros, entre los que se destacan Rusia, Estados Unidos, Israel, Italia, España y muchos países sudamericanos. En septiembre de 2014 Alibaba salió a Bolsa en Wall Street, convirtiéndose en la mayor oferta pública de venta (en adelante OPV) de la historia y recaudando unos 25.000 millones de dólares[194].

---

[194] Véase "La salida a Bolsa de Alibaba es ya la mayor de la historia", *Expansión,* 22 de septiembre de 2014, disponible en siguiente enlace:
http://www.expansion.com/2014/09/22/mercados/1411383126.html [consulta: 11 diciembre 2016].

5.2.3.1.- Política Interna de Alibaba y de AliExpress

En su política interna[195] fija una lista de productos sobre los que prohíbe su comercialización en sus páginas web[196], entre los que se recoge en el apartado 31, están los siguientes:

- 31.1. Está estrictamente prohibido el listado de falsificaciones, réplicas o artículos no autorizados (tales como prendas falsas de diseño, relojes, bolsos, gafas de sol u otros accesorios).

- 31.2. Los productos vendidos que lleven el nombre o el logotipo de una empresa, pero no proceden de dicha empresa.

- 31.3. Los anuncios de productos de marca de lujo están permitidos si un certificado de autorización ha sido emitido por el propietario de la marca de lujo, en caso contrario se prohíben.

- 31.4. Los anuncios que ofrezcan vender o comprar réplicas, falsificaciones u otros artículos no autorizados estarán sujetos a remoción por Alibaba.com. Los avisos repetidos de artículos falsificados o no autorizados darán lugar a la suspensión inmediata.

En los Términos de Uso de Alibaba y AliExpress[197], en su apartado 8 y 9[198] se exime de todas las responsabilidades posibles con respecto a la compraventa realizada por sus usuarios.

En su apartado 7 fija detalladamente que los compradores y vendedores asumirán plenamente todos los riesgos al realizar cualquier transacción.

---

[195] Al formar parte de Alibaba Group, ambas siguen la misma política interna.
[196] Disponible en el siguiente enlace:
http://rule.alibaba.com/rule/detail/2047.htm?spm=a271m.8038972.0.0.IYwavK#a31 [consulta: 11 diciembre 2016].
[197] Disponible en:
https://rule.alibaba.com/rule/detail/4265.htm?spm=2114.11040108.0.0.IPnQGr [consulta: 13 diciembre 2016].
[198] El apartado 8 se refiere a la limitación de la responsabilidad y el apartado 9 fija la limitación de la responsabilidad en caso de fuerza mayor.

El apartado 7.3 de los Términos de Uso, establece que: "El Usuario reconoce que asume plenamente los riesgos de realizar cualquier transacción de compra y venta, y que asume plenamente los riesgos de responsabilidad civil o daños de cualquier tipo en relación con la actividad relativa a los productos o servicios que son objeto de transacción a través de Alibaba y AliExpress.

Dichos riesgos incluirán: la información falsa sobre productos y servicios, las acciones fraudulentas, la calidad deficiente, el incumplimiento de las especificaciones, los productos defectuosos o peligrosos, los productos ilegales, el retraso o incumplimiento en la entrega o el pago, el error en el cálculo de los costes, el incumplimiento de la garantía, el incumplimiento del acuerdo y los accidentes durante el transporte.

Incluyen los riesgos de que la fabricación, importación, exportación, distribución, oferta, exhibición, compra, venta o uso de los productos o servicios que se ofrecen o muestran en los Sitios (Alibaba y AliExpress) puedan infringir o pueda considerarse que infrinjan los Derechos de terceros, y el riesgo de que el Usuario pueda incurrir en costes de defensa u otros costes en relación con la reivindicación por parte de terceros de los Derechos de terceros, o en relación con cualquier reclamación por cualquiera de las partes que tienen derecho a la defensa o exoneración en relación con las reivindicaciones de derechos, peticiones o reclamaciones de los demandantes de Derechos de terceros.

También incluyen los riesgos de que los consumidores, otros compradores, usuarios finales de los productos u otras personas denuncien haber sufrido lesiones o daños relacionados con los productos obtenidos originalmente por los Usuarios de los Sitios como consecuencia de las transacciones de compra y venta en relación con el uso de los Sitios, y pueden sufrir daños o presentar reclamaciones derivadas del uso de tales productos. El Usuario acepta que Alibaba.com no será responsable ni se hará cargo de ningún daño, reclamación, responsabilidad, coste, perjuicio, inconveniente, interrupción del negocio o gasto de ningún tipo que pueda surgir a consecuencia de o en relación con cualquier riesgo de la transacción".

Con lo que podemos ver que el servicio que presta Alibaba y AliExpress sólo es el medio por el que conecta y facilita las transacciones entre vendedores y compradores, y por ello no se hace cargo de los errores que cometan los usuarios, ya que el beneficio que obtiene viene dado por el hecho de que se utilicen sus servicios y no por las transacciones que utilicen éstos. Pero aun así, en caso de que se produzca alguna infracción, Alibaba se compromete a ofrecer una ayuda activa al titular de los derechos de propiedad industrial e intelectual, mediante su Política de Protección de Derechos de Propiedad Intelectual[199] y para ello dispone de un sistema denominado AliProtect (apartado 5)[200]. En su apartado 2 establece que: los listados de falsificaciones, réplicas u otros artículos no autorizados están estrictamente prohibidos en sus páginas web. Los listados de ofertas para vender o comprar falsificaciones, réplicas u otros artículos no autorizados estarán sujetos a remoción por Alibaba.com.

Las acciones que toma Alibaba en cuanto a la violación de los derechos se recogen el apartado 3 y son las siguientes: eliminación de listados, suspensión de cuenta y terminación del contrato de servicio de afiliación. En el caso concreto de violación de los derechos de propiedad industrial e intelectual, pues, tanto la página www.alibaba.com[201] como www.aliexpress.com[202] disponen de unas penalizaciones específicas en tales casos.

---

[199] Disponible en: http://rule.alibaba.com/rule/detail/2049.htm?spm=a271m.8038972.0.0.fhkCyl [consulta: 13 diciembre 2016].
[200] Apartado 5: "AliProtect proporciona un canal eficiente y transparente para que los titulares de derechos de propiedad intelectual puedan presentar reclamaciones de infracción de propiedad intelectual y solicitar la eliminación de listados presuntamente infractores del Sitio".
[201] Dichas penalizaciones se recogen en el siguiente enlace: http://rule.alibaba.com/rule/detail/2043.htm?spm=a271m.8038972.0.0.37rC6S [consulta: 13 diciembre 2016].
[202] Dichas penalizaciones se recogen en el siguiente enlace: http://activities.aliexpress.com/adcms/help-aliexpress-com/ipr_penalty.php?spm=a271m.8038972.0.0.37rC6S [consulta: 13 diciembre 2016].

Por último, en caso de conflicto, en el apartado 12.7 de los Términos de Uso de Alibaba, establece la sumisión expresa:

"… Si usted se encuentra fuera de la China continental, los Términos se regirán por las leyes de Hong Kong, independientemente de su conflicto con las disposiciones legales, y las partes acuerdan someterse a la jurisdicción exclusiva de los tribunales de Hong Kong. Si usted se encuentra en la China continental, los Términos se regirán por las leyes de la República Popular de China, independientemente de su conflicto con las disposiciones legales y las partes acuerdan someterse a la jurisdicción exclusiva de los tribunales de la República Popular de China".

5.2.4.- DHgate

Es un B2B, es decir, un portal de venta al por mayor dedicado al comercio electrónico. Fue fundado en 2004 por Diane Wang[203]. El significado de DHgate es "puerta (gate) a la ciudad China de DunHuang (DH), que es conocida como el lugar en donde comenzó la Ruta de la Seda". Con lo que DHgate trata de ser una versión moderna de la Ruta de la Seda, donde pequeñas y medianas empresas de China pueden contactar con compradores de todas partes del mundo.[204]

---

[203] Para una información más detallada de Diane Wang véase:
https://www.weforum.org/people/diane-wang/ y https://cn.linkedin.com/in/wangdiane [consulta: 14 diciembre 2016].
[204] Expansión de DHgate a España, disponible en: http://www.eleconomista.es/emprendedores-pymes/noticias/7615105/06/16/La-pyme-no-puede-recluirse-en-el-mercado-domestico-debe-salir-a-vender-al-exterior.html y http://www.capital.es/2016/06/17/diane-wang-la-empresaria-que-quiere-abrir-las-puertas-de-china-a-las-pymes-espanolas/ [consulta: 14 diciembre 2016].

5.2.4.1.- Política Interna de DHgate

Para poder utilizar sus servicios, según el apartado 3 de sus Términos de Uso[205], se establece que hay que estar registrado como usuario. En el apartado 4 deja claro que no es un vendedor tradicional, sino que sólo proporciona una plataforma o sitio en línea para el intercambio de información y facilita las transacciones entre vendedores y compradores. DHgate como las demás plataformas de *Marketplace* se exime de cualquier tipo de responsabilidad con respecto a las transacciones realizadas entre sus usuarios y también en caso de fuerza mayor (véase apartados 5 y 7 de sus Términos de Uso).

DHgate está comprometida con la protección de la propiedad intelectual, y obedece la ley y otras normativas sobre el derecho de propiedad intelectual. DHgate cooperará estrechamente con los titulares de propiedad intelectual para luchar contra las infracciones. En su apartado 8.1, se compromete a proporcionar lo medios[206] para la defensa de los derechos de propiedad industrial e intelectual.

Hay que tener en cuenta que en esta plataforma para proceder a la defensa de los derechos que posee el titular, lo primero que se ha de hacer es tener una cuenta como usuario, en la cual se han de depositar los documentos referentes a los derechos del propietario. DHgate revisará los documentos aportados por el propietario. Y después de que el documento sea aprobado, pues, se pueden presentar quejas en el IPPS (Sistema de Protección de la Propiedad Intelectual de DHgate). Las quejas serán enviadas a los vendedores.[207]

---

[205] Los Términos de Uso están disponibles en:
http://help.dhgate.com/help/buyer_about_usen.php?catpid=g7 [consulta: 14 diciembre 2016].
[206] Enlace para proceder a la defensa de los derechos de propiedad industrial e intelectual:
http://brand.dhgate.com/usr/sign.do [consulta: 14 diciembre 2016].
[207] Pasos a seguir para la defensa de los derechos en DHgate: https://www.artistic-license.org/takedowns/dhgate-takedown-process/ [consulta: 14 diciembre 2016].

Además DHgate combate las falsificaciones con la colaboración de Austreme[208], a través de su servicio de monitoreo de contenido de *Marketplace*[209].

Por último, en caso de conflicto, establece la sumisión a la Comisión de Arbitraje Económico y Comercial Internacional de China (apartado 11.9) y se somete a las leyes de la República Popular de China (apartado 11.10).

---

[208] Austreme International Limited ofrece servicios de monitoreo de comerciantes basados en la nube. Ofrece servicios de protección de marca que permiten a los sistemas de tarjetas, propietarios de marcas, bancos compradores, proveedores de servicios de pago de terceros y pasarelas de pago y facilitadores para hacer frente a las actividades comerciales ilegales y dañinas de las redes de pago en línea. Véase: http://www.prnewswire.com/news-releases/dhgate-combats-counterfeits-with-austremes-marketplace-content-monitoring-solution-300227530.html [consulta: 16 diciembre 2016].

[209] Disponible en: http://www.austreme.com/marketplace_content_monitoring.html [consulta: 16 diciembre 2016].

5.3. REDES SOCIALES: FACEBOOK Y TWITTER

5.3.1.- Facebook

Es una red social, que fue creada por Mark Zuckerberg[210] y lanzada al público el 4 de febrero de 2004. Originalmente era un sitio *web* para los estudiantes de la Universidad de Harvard, en el que los alumnos pudieran tener una comunicación fluida y compartir las vivencias del día a día, de una forma sencilla y rápida. Y debido al gran éxito alcanzado, Mark decidió hacerla accesible a cualquiera que tuviera una cuenta de correo electrónico; y como cada vez crecía su popularidad, pues, decidió lanzar versiones en diferentes idiomas, para así alcanzar una difusión mundial. En abril de 2012 Facebook adquirió Instagram por 1.000 millones de dólares y en mayo del mismo año protagonizó el mejor estreno de una empresa de Internet en Wall Street, valorada en 80.000 millones de dólares. Y en febrero de 2014 los responsables de Facebook anunciaron la compra del servicio de mensajería móvil "WhatsApp" por 16.000 millones de dólares. [211]

---

[210] Biografía disponible en: http://www.biografiasyvidas.com/biografia/z/zuckerberg.htm [consulta: 16 diciembre 2016].
[211] Para una información más detallada acerca de la historia de Facebook véase: Kirkpatrick, D., *El efecto Facebook: La verdadera historia de la empresa que está cambiando el mundo,* Ed. Ediciones Gestión 2000, 2011; y Mezrich, B., *Multimillonarios por accidente: El nacimiento de Facebook,* Ed. Alienta, 2010.

5.3.1.1.- Política Interna de Facebook

En el apartado 5 de las Condiciones de Uso de Facebook[212], referente a la protección de los derechos de otras personas, se establece que: "…se prohíbe la publicación de contenido que vulnere los derechos de otros, en los que se incluyan los derechos de propiedad industrial e intelectual (5.1). Para ello toma las siguientes acciones:

- Puede retirar cualquier contenido que considere que infrinja su Política Interna (5.2);

- Se compromete a ofrecer las herramientas necesarias para colaborar en la defensa de los derechos de propiedad intelectual (5.3);

- En caso de que haya algún usuario que infrinja de manera reincidente los derechos de propiedad intelectual, Facebook puede desactivar su cuenta e impedir que vuelva a abrir una cuenta (5.5)".

El apartado 5.3, antes mencionado, nos redirige a otra página web[213], en donde se explica detalladamente cómo proceder a la protección de los derechos de propiedad intelectual.

En cuanto a los derechos de autor Facebook dispone de una página específica[214], en donde se da una breve explicación acerca de los derechos de autor y de cómo se ha de proceder a la hora de denunciar las vulneraciones referentes a éstos. Para ello se ha de rellenar un formulario[215] o dirigirse a un agente de Facebook y enviarle una reclamación de derechos de autor completa[216].

---

[212] Disponible en: https://www.facebook.com/legal/terms [consulta: 17 diciembre 2016].
[213] Disponible en: https://www.facebook.com/help/399224883474207 [consulta: 18 diciembre 2016].
[214] Disponible en: https://www.facebook.com/help/249141925204375?helpref=page_content [consulta: 18 diciembre 2016).
[215] Disponible en: https://www.facebook.com/contact/208282075858952 [consulta: 18 diciembre 2016].
[216] En el siguiente enlace se explica los puntos que han de contener la reclamación completa de derechos de autor: https://www.facebook.com/help/231463960277847?helpref=faq_content [consulta: 18 diciembre 2016].

Por otro lado, también es posible realizar una reclamación referente a una marca comercial, y al igual que en el caso del derecho de autor Facebook dispone de una página específica para ello[217], en donde da una breve explicación acerca de la marca comercial y de cómo proceder a la hora de denunciar una vulneración referente a una marca comercial. Para ello se ha de rellenar un formulario[218], en el que se ha de incluir una reclamación de marca comercial completa[219].

Antes de enviar una reclamación por vulneración de derechos de autor o de marca comercial, es aconsejable enviar una notificación a la persona que ha publicado el contenido infractor e intentar que se resuelva el conflicto a través de una medida alternativa. De esta manera se estarían llevando a cabo dos acciones a la vez: para ver si es posible llegar a un acuerdo con el infractor para que deje de vulnerar sus derechos; y en caso contrario, la notificación servirá al titular para demostrar su buena fe a la hora de solucionar la controversia, ésta podrá ser aportada a la reclamación correspondiente. Y en caso de que se llegara a los tribunales, también serviría como medio de prueba de buena fe por parte del titular.

En el apartado 15.2 Facebook se exime de responsabilidades por cualquier acto procedente de sus usuarios:

"…Si alguien interpone una demanda contra nosotros relacionada con tus acciones, tu contenido o tu información en Facebook, te encargarás de indemnizarnos y nos librarás de la responsabilidad por todos los posibles daños, pérdidas y gastos de cualquier tipo (incluidos los costes y tasas legales razonables) relacionados con dicha demanda.

---

[217] Disponible en: https://www.facebook.com/help/223752991080711?helpref=page_content [consulta: 18 diciembre 2016].
[218] Disponible en: https://www.facebook.com/help/contact/208282075858952 [consulta: 18 diciembre 2016].
[219] Para ver cómo se ha de realizar una reclamación de marca comercial completa, véase Anexo I y el siguiente enlace: https://www.facebook.com/help/303715969677454?helpref=page_content [consulta: 18 diciembre 2016].

Aunque proporcionamos normas para la conducta de los usuarios, no controlamos ni dirigimos sus acciones en Facebook y no somos responsables del contenido o la información que los usuarios transmitan o compartan en Facebook.

No somos responsables de ningún contenido que se considere ofensivo, inapropiado, obsceno, ilegal o inaceptable que puedas encontrar en Facebook.

No nos hacemos responsables de la conducta de ningún usuario de Facebook, ya sea en Internet o en otros medios".

En caso de conflicto, el apartado 15.1, establece que se "...Resolverá cualquier demanda, causa de acción o conflicto únicamente en el tribunal del Distrito Norte de California o en un tribunal estatal del Condado de San Mateo, y serán dichos tribunales los competentes a la hora de resolver los litigios. Las leyes del estado de California rigen esta Declaración, así como cualquier demanda que pudiera surgir entre el usuario y Facebook, independientemente de las disposiciones sobre conflictos de leyes".

5.3.2.- Twitter

Es un servicio gratuito de *microblogging*[220], que consiste en publicar mensajes cortos, con una longitud máxima de 140 caracteres; esos mensajes se denominan "Tweets". El usuario puede tener seguidores, que son las personas que quieren leer sus Tweets y logran así una gran difusión de sus mensajes a través de Internet.

El nombre de Twitter proviene del pio de un pájaro, que en inglés es "*twitt*". Twitter nació en el año 2006, gracias a un grupo de jóvenes de la compañía Podcasts Odeo, Inc., de San Francisco, California, Estados Unidos (Jack Dorsey, Biz Stone, Evan Williams y Noah Glass). La idea original se le atribuye a Jack Dorsey, en la que quería utilizar SMS para decirle a un grupo de personas qué estaba haciendo en cada momento. Aunque Twitter se haya creado originalmente en California, se somete a posteriori a la jurisdicción de Delaware en 2007, en ese mismo año se lanzó al público y comenzó a ganar popularidad, y hoy en día posee más de 500 millones de usuarios a nivel global.

Esta red ha tenido un gran éxito gracias a su utilización en el mundo profesional (por empresas, artistas, deportistas, etc.).

El 7 de noviembre de 2013 Twitter protagoniza su salida en la Bolsa de Valores de Nueva York (en adelante NYSE)[221] por un valor de 1,82 millones de dólares, pasando a ser la segunda mayor oferta pública inicial en cuanto a empresas de Internet, situándose por detrás de Facebook.[222]

---

[220] Es decir, un servicio que permite a sus usuarios enviar y publicar mensajes breves.
[221] Siglas en inglés de *New York Stock Exchange*.
[222] Para saber más acerca de la historia de Twitter véase Bilton, N., *La verdadera historia de Twitter*, Ed. Ediciones Gestión 2000, 2014; Vela Zancada, A., *#El Libro de Twitter*, Ed. Alcalá Grupo Editorial, 2016; y Nick, B., *Hatching Twitter: A true Story of Money, Power, Friendship and Betrayal* (traducción "*Incubando a Twitter: Una historia real de dinero, poder, amistad y traición*"), Ed. Kindle, 2014.

5.3.2.1.- Política Interna de Twitter

En el apartado 3 de los Términos de Servicio de Twitter[223] se establece que: Twitter respeta los derechos de propiedad intelectual de otros y espera que los usuarios de sus servicios hagan lo mismo.

Acciones que toma ante una posible infracción:

o Se reserva el derecho a eliminar el contenido que supuestamente infrinja esta norma, sin aviso previo, a su único criterio y sin ninguna responsabilidad hacia el usuario.

o Si el internauta cree que su contenido ha sido copiado de forma que constituya una infracción de los derechos de autor, es posible la notificación a Twitter mediante un Formulario[224] de notificación de infracción de derechos de autor o poniéndose en contacto con su agente de derechos de autor designado en, Twitter, Inc. Para saber cómo realizar la notificación, Twitter nos redirige a su política específica en cuanto a los derechos de autor[225], en la que se establece que se sigue la Ley de Derechos de Autor del Milenio Digital (DMCA); y concretamente hace referencia a la Sección 512, en donde se especifica los requisitos legales necesarios para proceder a realizar una denuncia por infracción de los derechos de autor.

o Solo responderán a los avisos de supuestas infracciones de derechos de copia que cumplan con la legislación aplicable, y que se les proporcionen de forma apropiada, tal y como se describe en su Política de derechos de autor.[226]

---

[223] Disponible en: https://twitter.com/tos?lang=es [consulta: 22 diciembre 2016].
[224] Disponible en: https://support.twitter.com/forms/dmca [consulta: 22 diciembre 2016].
[225] Disponible en: https://support.twitter.com/articles/20170921 [consulta: 22 diciembre 2016].
[226] Disponible en: https://support.twitter.com/articles/15795 [consulta: 22 diciembre 2016].

Para proceder a la reclamación por el uso de los derechos de autor también se ha de tener en cuenta la doctrina del *Fair Use*[227] (uso justo/inocuo), es decir, cuando se utilice los derechos de autor con fines de interés general, educativos o de investigación y no haya un interés de obtener un beneficio económico de ello, sino que tenga un carácter más divulgativo.

> El ejemplo típico suele ser los blogs, las plataformas en Internet de noticias y periódicos gratuitos. Pero dentro de éstos portales hay que fijarse si el uso que se está haciendo de la marca o de un derecho de autor no está redirigido a otras páginas web en donde se venda productos falsificados, u otros productos similares, ya que en ese caso el portal, tendría una finalidad de obtener tráfico de internautas y generar confusión en el mercado.

En cuanto a la doctrina del ***"fair use"*** es importante destacar la sentencia del Tribunal Supremo (Sala de lo Civil, Sección 1ª) de 3 de abril de 2012, FJ 5. 1º y 2º, ya que el Tribunal Supremo hace una interpretación *contra lege* del término *fair use* (alegando los principios de la buena fe y el de prohibición del abuso del derecho) y lo asimila al *"ius usos inocui (derecho al uso inocuo del derecho ajeno)"*.[228]

Por otro lado hay que señalar que debido a una reclamación por plagio, interpuesta por Olga Lexel[229], Twitter ha tenido que cambiar su política de Propiedad Intelectual e introducir los "chistes" como una categoría más, protegida por los derechos de autor.

---

[227] En el siguiente enlace se da una explicación más detallada de la doctrina del *Fair Use* aplicado por Twitter: https://support.twitter.com/articles/20171959 [consulta: 22 diciembre 2016].

[228] *Véase*. STS (Sala de lo Civil, Sección 1ª) de 3 de abril de 2012, FJ. 5 (Recurso 2037/2008).

[229] Es una escritora *freelance* estadounidense, que gana la vida escribiendo chistes tanto en Internet, como en libros.

En relación a los "chistes", hay que tener en cuenta que el artículo 10.1 LPI española establece, que "son objeto de propiedad intelectual todas las creaciones originales literarias, artísticas o científicas expresadas en cualquier medio o soporte, tangible o intangible, actualmente conocido o que se invente en un futuro". Con lo que después de esta descripción podemos suponer que los chistes escritos en diferentes plataformas en Internet entrarían dentro del objeto de la propiedad intelectual establecida en artículo 10.1 LPI.

La LPI también protege algo tan breve como es el título de las obras, en su artículo 10.2. Además, la doctrina del TJUE ha establecido en la STJCE de 16 de julio de 2009, C-5/08, *Infopaq*, apartados 47, 48 y 51 que: "si un conjunto tan breve de once palabras tiene la suficiente originalidad (es decir, que tenga una cierta altura creativa), pues, es posible su protección ya que éstas once palabras forman parte del conjunto de la obra original". Y por tanto, si se extraen éstas once palabras y se utilizan sin consentimiento o sin mencionar el autor y la fuente (en el caso de las citas), pues, se estaría vulnerando los derechos del autor de manera parcial.

En cuanto a las marcas comerciales, Twitter establece en su Política Interna[230], cuándo se produce un incumplimiento por una infracción de marca comercial:

> "...Si se usa una marca comercial ajena de modo tal que pueda engañar o confundir a otros en cuanto a la afiliación de su marca con dicha marca comercial, podría incurrir en un incumplimiento de nuestra política de marcas comerciales".

Si ante una denuncia, Twitter determina que se ha incumplido su política de marcas comerciales, pues, procederá a la suspensión de la cuenta del usuario infractor.

---

[230] Disponible en: https://support.twitter.com/articles/72689 [consulta: 22 diciembre 2016].

Si se desea denunciar un incumplimiento con respecto a una marca comercial en un anuncio de Twitter Ads., pues, Twitter dispone de una política específica al respecto[231], en la que se prohíbe:

(I) la inclusión de otras marcas dentro del Tweet promocionado de manera engañosa[232],

(II) la inclusión de otras marcas en el contenido externo a Twitter de manera engañosa[233], y

(III) el agregado de marcas dentro de las tendencias promocionadas de manera engañosa[234].

Para presentar una denuncia por infracción de las marcas comerciales registradas, en el caso de Twitter, no es necesario tener una cuenta de usuario, para ello se facilita un formulario[235]. Además, establece que los anunciantes deben promover la publicación de contenido honesto, auténtico y relevante. Los anunciantes no deben engañar ni confundir a los usuarios al describir la marca o el producto de manera engañosa o errónea. El equipo Trust & Safety de Twitter hace cumplir esta política; para ello, responde a las quejas autorizadas legítimas provenientes de los poseedores de marcas comerciales. Las decisiones resultantes quedan a criterio exclusivo de Twitter, dentro de los límites de las leyes correspondientes.

---

[231] Disponible en: https://support.twitter.com/articles/20171029 [consulta: 22 diciembre 2016].
[232] "Los Tweets promocionados que tengan texto que engañe a los usuarios sobre la afiliación a la marca del anunciante se consideran una violación de la política de marcas comerciales."
[233] "Si se comparten enlaces, imágenes u otros medios incrustados que generan confusión en el usuario con respecto a la afiliación a la marca del anunciante, Twitter puede considerar estas acciones como una violación de la política de marcas comerciales. Esto incluye el contenido dentro de los Tweets promocionados, como también la información de la cuenta como: fotos de perfil y de fondo, encabezado del perfil, biografía y sitio web".
[234] "La selección de nombres de tendencias promocionadas que contengan marcas comerciales de una manera que engaña a los usuarios sobre la afiliación a la marca del anunciante se puede considerar una violación de la política de marcas comerciales."
[235] Disponible en: https://support.twitter.com/forms/trademark [consulta: 22 diciembre 2016].

También dispone de una página web específica referente a los productos falsificados.[236] En ella define lo que son los productos falsificados:

> "...los productos falsificados contienen el nombre, el logotipo u otra marca comercial que es idéntica a la marca comercial registrada de otro producto o prácticamente imposible de diferenciar. Mediante los productos falsificados, se intenta engañar a los consumidores para que crean que el producto falsificado es un producto genuino del propietario de la marca, o para presentarlos como imitaciones o réplicas del producto genuino".

Si Twitter determina que se ha producido una infracción con respecto a los productos falsificados, procederá a la suspensión de la cuenta del usuario infractor. Para realizar una denuncia en caso de que se detecte que se están vendiendo productos falsificados, facilita un formulario[237].

En el apartado 5 de los Términos de Servicio de Twitter se establecen las exenciones y limitaciones de responsabilidad por su parte, principalmente en cuanto a las condiciones y garantías de comercialidad (expresas o implícitas), o en cuanto a las pérdidas, daños o ganancias producidos en el uso de sus servicios. Pero hay que tener en cuenta que algunas jurisdicciones no permiten la exclusión de garantías implícitas o limitaciones en la duración de tales garantías implícitas. Por lo que las renuncias de responsabilidad establecidas en el apartado 5, pueden no ser de aplicación en su integridad.

---

[236] Disponible en: https://support.twitter.com/articles/20171217?lang=es [consulta: 23 diciembre 2016].
[237] Disponible en: https://support.twitter.com/forms/counterfeit [consulta: 23 diciembre 2016].

Sin embargo Twitter determina que se aplicará en la medida máxima que permita la Ley aplicable en cada caso concreto. En el caso de los usuarios que no son residentes de EE.UU, el acuerdo se produce con Twitter Internacional Company, que es una empresa irlandesa con domicilio social en The Academy, 42 Pearse Street, Dublín 2, Irlanda. Con lo que en este caso a los no residentes en EE.UU les sería de aplicación, en caso de conflicto, la jurisdicción y ley aplicable de Irlanda.

6.- MECANISMOS EXTRAJUDICIALES: PROTECCIÓN DE MARCAS Y DERECHOS DE AUTOR, FRENTE A LAS FALSIFICACIONES EN INTERNET

Para proteger los derechos sobre las Marcas y Derechos de Autor a través de Internet, no basta con único mecanismo, sino que se ha de proporcionar una solución íntegra: consistente en la combinación de diferentes formas de afrontar el problema. Y sólo así se lograría resolver el conflicto de una manera eficiente y eficaz. En este capítulo se contestará a la siguiente pregunta planteada en el caso práctico: ¿Cuáles serían las diferentes maneras de proceder a luchar contra el plagio y la falsificación en Internet?

6.1.- REGISTRO DE LOS DERECHOS QUE SE PRETENDAN PROTEGER

Para poder proteger tanto los derechos sobre las marcas como los derechos de autor frente a terceros, el primer paso sería proceder al registro de tales derechos. Para ello se ha de seguir una serie de procedimientos y formalidades fijados por las leyes.

6.1.1.- Procedimiento de registro de las marcas

En el caso de España, el derecho sobre un signo distintivo surge de la inscripción en el Registro de Marcas, cuya llevanza corresponde a la Oficina Española de Patentes y Marcas. En el caso que nos ocupa, la inscripción registral tiene efectos constitutivos y no meramente declarativos. El procedimiento de solicitud e inscripción, se recoge en los artículos 11 a 30 de la LM y en los artículos 1 a 24 del Real Decreto 687/2002, de 12 de julio, por el que se aprueba el Reglamento para la ejecución de la LM.[238] Hay dos vías disponibles para proceder a su inscripción:

> (I) presencialmente, rellenando con anterioridad el formulario correspondiente al tipo de marca que se solicite[239] y pagando la tasa[240] correspondiente y posteriormente acudir a sus oficinas en la siguiente dirección: Paseo de la Castellana, 75, CP 28046, Madrid; o
>
> (II) telemáticamente[241].

---

[238] Véase Sánchez Calero, F., y Sánchez-Calero Guilarte, J., *Instituciones…, op. cit.,* pp. 283 y 285.
[239] Disponible en: https://www.oepm.es/es/propiedad_industrial/formularios/las_marcas_y_los_nombres_comercia les/marca_nacional/ [consulta: 29 diciembre 2016].
[240] Disponible en: https://www.oepm.es/export/sites/oepm/comun/documentos_relacionados/Tasas/Tasas_Signos Distintivos_2016.pdf [consulta: 29 diciembre 2016].
[241] A través de los siguientes enlaces: https://sede.mcu.gob.es/rpi4/webpages/publico/direccion.seam y https://tramites2.oepm.es/solemar_n/ [consulta: 29 diciembre 2016].

Una vez que se haya concedido el registro a nivel nacional, también es recomendable que se registre la marca en los países en donde se pretenda comercializar los productos o servicios en un futuro. Por lo que el siguiente paso, en este caso, sería proceder a solicitar el Registro de la Marca de la UE. Ésta se regula por el Reglamento CE nº. 207/2009 del Consejo, de 26 de febrero de 2009 (RMC) y por el RMUE nº. 2424/2015 del Parlamento Europeo y del Consejo, de 16 de diciembre. Para el registro de la MUE se ha de acudir a la EUIPO (antigua OAMI, art. 2 RMC), y proceder a su registro (art. 6 RMC).

Con la reforma introducida por el RMUE, se ha establecido que las solicitudes de registro de las MUE (antigua Marca Comunitaria) sólo se podrán presentar ante la EUIPO, eliminando la posibilidad que existía de presentar las solicitudes de marca ante las Oficinas Nacionales de la propiedad industrial de cada Estado Miembro y también la que se realizaba a través de la Oficina de la Propiedad Intelectual del Benelux (considerando 24 RMUE y art. 25 RMUE).

El procedimiento para la solicitud y registro de la MUE se recoge en los Títulos III y IV (arts. 25 a 45) del RMC, pero se ha de tener en cuenta las modificaciones efectuadas en dichos artículos por el RMUE (*véase* los apartados 25 a 44 del RMUE). La vía más barata y rápida para la inscripción de la MUE, es la telemática.[242] La ventaja que ofrece la MUE frente a la marca nacional es que otorga una protección unitaria en todos los países de la Unión Europea mediante su registro en la EUIPO.

---

[242] Ya que es posible presentar la solicitud mediante el servicio online de la EUIPO denominado "*fastTrack*" y si se presenta en línea el precio es de 850€ y si se opta por la presentación mediante formulario en papel el precio es de 1.000€. Registro telemático y tasas disponible en: https://euipo.europa.eu/ohimportal/es/apply-now   y https://euipo.europa.eu/ohimportal/es/fees-and-payments [consulta: 2 enero 2017].

Una vez obtenida la marca nacional y la Marca de la Unión Europea, el siguiente paso sería obtener el registro internacional.[243] Este viene regulado por el Arreglo de Madrid y en su protocolo (analizado en el capítulo 3.1.1.1° c): su finalidad es facilitar que una marca registrada en el país de origen pueda ser registrada y protegida en todos los demás países miembros del Arreglo de Madrid, mediante el depósito de la marca en la Oficina Internacional.

Pero se ha de tener en cuenta que el sistema del Arreglo de Madrid no crea derechos de exclusiva de alcance internacional, ni da lugar a una protección uniforme a nivel internacional, sino que la concesión de la marca dependerá de la legislación nacional de cada Estado.

El procedimiento a seguir, en este caso, es el siguiente:

o   Se presenta la solicitud en la oficina del territorio de origen,

o   luego se traslada a la Oficina Internacional,

o   y por último a las demás administraciones en donde se pretenda registrar la marca.

Este procedimiento de solicitud de registro internacional viene recogido en el art. 3 del Arreglo de Madrid y en el art. 3 de su Protocolo, y en España viene recogido en los artículos 81 y 82 de la LM, en donde, se exige un control previo por parte de la OEPM de que el solicitante está legitimado para solicitar el registro internacional y de que el contenido de la solicitud internacional coincida con los de la marca o la solicitud nacional.

---

[243] *Véase* Fernández Rozas, J. C., Arenas García, R., y De Miguel Asensio, P. A., *Derecho...*, *op. cit.*, pp. 101-102.

Por otro lado, si se solicita directamente el registro internacional por el Arreglo de Madrid, se extenderá sus efectos automáticamente a los Estados miembros (art. 79 LM).[244] Con lo que, para el registro internacional de la marca se ha de acudir a las oficinas nacionales, en este caso, a la OEPM. Y la solicitud se ha de hacerse mediante el formulario correspondiente[245]. Este trámite puede realizarse presencialmente ante las oficinas de la OEPM en la calle Castellana 75, de Madrid, o telemáticamente a través de la sede Electrónica de la OEPM.[246]

6.1.2.- Procedimiento de registro de derechos de autor

En los Estados europeos, y según lo que dispone el CBe en su artículo 5.2, la protección del derecho de autor se obtiene automáticamente sin necesidad de efectuar ningún registro ni otros trámites. No obstante, en la mayoría de los países europeos existe un sistema de registro y depósito facultativo de obras, que facilitan la resolución de controversias relacionadas con la titularidad o la creación, las transacciones financieras, las ventas, las cesiones y las transferencias de derechos.

En el caso de España, la LPI dedica los artículos 144 y 145 al Registro de la Propiedad Intelectual y dispone de un Real Decreto 281/2003[247], de 7 de marzo, en el que desarrolla lo dispuesto en los artículos 144 y 145 de la LPI.

---

[244] En la página web de la OMPI/WIPO se explica de manera muy clara y sencilla cómo se ha de proceder a realizar el registro a través del Arreglo de Madrid. Disponible en los siguientes enlaces: http://www.wipo.int/madrid/es/how_madrid_works.html, http://www.wipo.int/madrid/es/how_to/file/requirements.html, http://www.wipo.int/madrid/es/how_to/file/file.html [consulta: 2 enero 2017].
[245] Disponible en: http://www.wipo.int/madrid/es/forms [consulta: 2 enero 2017].
[246] Disponible en: https://sede.oepm.gob.es/eSede/es/index.html [consulta: 2 enero 2017].
[247] Por el que se aprueba el Reglamento del Registro General de la Propiedad Intelectual (BOE núm. 75, de 28 de marzo de 2003).

Según el artículo 145 de la LPI, para que el titular pueda tener acciones frente a terceros, pues es necesario la publicidad del registro de la obra, que le brindará de una presunción a su favor, salvo que haya una prueba en contrario, de que los derechos inscritos existen y pertenecen a su titular en la forma determinada en el asiento respectivo.

También hay que señalar que el acto registral de un derecho de propiedad intelectual es voluntario, ya que el artículo 1 de la LPI establece que: "la propiedad intelectual de una obra corresponde a su autor por el solo hecho de su creación". Por lo que el registro sólo otorga una presunción de exactitud y una titularidad *iuris tantum*, que en caso de litigio obliga a que la carga de la prueba recaiga contra quien sostiene algo distinto de lo inscrito en él.[248] Es decir, que para el ejercicio del derecho a prohibir a terceros que reproduzcan una imagen, fotografía u otra obra, basta con que aparezca el nombre o la firma del fotógrafo o del autor sobre los ejemplares que fuesen divulgados. Pero es recomendable que se proceda al registro de los derechos de propiedad intelectual, para disponer de una mayor protección frente a terceros en caso de controversias.

Es posible la inscripción en el Registro territorial de la Propiedad Intelectual, a través de Internet o presencialmente en las oficinas de asistencia en materia de registro. En el caso de Madrid, el Registro territorial en materia de propiedad intelectual está situado en la Calle Santa Catalina, nº. 6, CP 28014. Se ha de tener en cuenta que las personas jurídicas, entidades sin personalidad jurídica y demás sujetos están obligados por el artículo 14.2 de la Ley 39/2015 de Procedimiento administrativo Común de las Administraciones[249], a realizar la tramitación por la vía telemática[250].

---

[248] Alonso Palma, Á. L., *Propiedad Intelectual y Derecho Audiovisual*, Ed. CEF, 2015, pp. 138-140.

[249] BOE núm. 236, de 2 de octubre de 2015.

[250] Toda la información de cómo se ha de proceder a realizar el registro de un derecho de propiedad intelectual a través de Internet o presencialmente, está disponible en los siguientes enlaces: https://sede.mcu.gob.es/rpi4/webpages/publico/direccion.seam;

6.2.- DENUNCIA DE INFRACCIÓN POR UTILIZACIÓN DE COPYRIGHT

El segundo paso para la protección de las marcas y los derechos de autor en Internet, sería proceder a la denuncia por infracción de *Copyright,* principalmente con respecto a fotografías y logotipos, cuya propiedad sea de las personas físicas o jurídicas. Desde el departamento legal de Andromedical S.L he procedido a la denuncia de infracciones por la utilización de *Copyright* en los diferentes buscadores (Google, Bing y Yahoo!) a través de formularios de notificación, y también he procedido a la denuncia ante diferentes servidores alojados en EE.UU y en la Unión Europea, a través de notificaciones por correo electrónico.

En la práctica, la DMCA permite acudir a los buscadores de Internet y solicitarles que eliminen de sus resultados enlaces y páginas web de todo el mundo que tengan contenido protegido por copyright. Es decir, aunque la página web infractora no se encuentre en un servidor estadounidense, es posible que el propietario del *copyright* evite que la mayoría del tráfico de esa página web se reciba a través de Google, Yahoo!, Bing y otros buscadores que sí están bajo la legislación estadounidense.

https://sede.mcu.gob.es/rpi4/webpages/publico/presentacion.seam;
https://sede.mcu.gob.es/rpi4/webpages/publico/preguntasFrecuentes.seam;
https://sede.mcu.gob.es/rpi4/webpages/publico/requisitosTecnicos.seam;
http://www.mecd.gob.es/cultura-mecd/areas-cultura/propiedadintelectual/registro-de-la-propiedad-intelectual/solicitudes-de-inscripcion/tasas.html;
https://gestionesytramites.madrid.org/cs/Satellite [consultados: 3 enero 2017].

Para formular las denuncias de infracción por la utilización de los derechos de autor, pues, se han de cumplir los requisitos establecidos en la DMCA, Título 17 del Código de los Estados Unidos, Sección 512 (c) (3) (A):

1º) identificar el material infractor y su ubicación en los sitios web;

2º) identificación de las obras cuyos derechos de autor se considere que se han infringido;

3º) una declaración en la que afirme que cree de buena fe que el uso del material correspondiente no está autorizado por el propietario de los derechos de autor, su agente o la ley;

4º) información razonablemente suficiente que permita al proveedor de servicios ponerse en contacto con la parte reclamante, tales como el nombre de la persona física o jurídica, la dirección, número de teléfono y una dirección de correo electrónico;

5º) una declaración de que la información contenida en la notificación es exacta y, bajo pena de perjurio, se afirme que es usted el propietario de los derechos de autor que se han infringido supuestamente o que está autorizado a actuar en nombre del propietario de dichos derechos; y

6º) se estampa una firma al final del escrito, física o electrónicamente, de una persona autorizada para actuar en nombre del propietario de un derecho exclusivo que supuestamente haya sido infringido, con la fecha del día en que se envía el escrito.[251]

---

[251] En el Anexo II podemos ver un ejemplo de denuncia por *Copyright.*

6.3.- DENUNCIA DE INFRACCIÓN POR UTILIZACIÓN DE LA MARCA

El tercer paso sería la denuncia por infracción de los derechos de las marcas. Debido a que si ya se haya procedido a la solicitud de eliminación de los derechos de autor, y aún persiste en el contenido de la web infractora, menciones referentes a la marca, pues, se ha de proceder a la denuncia por infracción de los derechos exclusivos que el titular posee sobre la marca. En este caso, el titular posee el derecho de prohibir a los terceros no autorizados, que cesen en la utilización de su marca (arts. 9 y 9 bis RMUE, 10 y 11 Directiva 2436/2015, 9 y 10 RMC y 34 LM).

Para proceder a la denuncia por infracción de los derechos de las marcas, se ha de cumplir una serie de requisitos similares a los que acabamos de ver en el caso de denuncia por derecho de autor:

1º) redactar una declaración en la que se afirme que cree de buena fe que el uso del material correspondiente no está autorizado por el propietario de los derechos de marca, su agente o la ley;

2º) indicar los sitios web en donde se produce la supuesta infracción;

3º) una declaración de que la información contenida en la notificación es exacta y, bajo pena de perjurio, se afirme y se proporcione datos que demuestren suficientemente que el reclamante es el propietario de la marca sobre la que versa la denuncia;

4º) proporcionar información de contacto que permita al proveedor de servicios ponerse en contacto con la parte reclamante, tales como el nombre de la persona física o jurídica, la dirección, número de teléfono y una dirección de correo electrónico; y por último

5º) se estampa una firma al final del escrito, física o electrónicamente, de una persona autorizada para actuar en nombre del propietario de un derecho exclusivo que supuestamente haya sido infringido, con la fecha del día en que se envía el escrito. Para realizar este procedimiento los buscadores facilitan un formulario en línea, en donde se van rellenando toda la información referente a los requisitos mencionados. [252]

La reclamación por infracción de marcas solo es posible en los casos de los anuncios patrocinados, como por ejemplo Google *Adwords*. Los *Marketplace* disponen de sistemas para que el propietario de los signos o personas autorizadas, puedan proceder a la denuncia por vulneración de tales derechos, alegando los requisitos señalados en el párrafo anterior. Y las redes sociales proveen tanto la posibilidad de rellenar un formulario, que es la vía más sencilla y rápida, o enviar un e-mail que contenga una reclamación de marca comercial completa[253] a uno de sus agentes, encargado de los temas relacionados con propiedad industrial e intelectual, en tal reclamación están presentes todos los requisitos mencionados en el párrafo anterior. En caso de que aun siguiendo estos pasos, las diferentes plataformas decidan no eliminar el material solicitado, pues, se ha de proceder a enviar una reclamación de marca comercial completa a los prestadores de servicios de alojamiento,[254] en donde esté alojada la página web infractora.

---

[252] En el Anexo III podemos ver un ejemplo de reclamación por infracción de los derechos sobre la marca ante el servidor de alojamiento web.
[253] Véase el Anexo I, referente a la reclamación de marca comercial completa.
[254] También llamado *Hosting*.

6.4.- ARBITRAJE PARA PROTEGER LOS NOMBRES DE DOMINIO EN INTERNET

Los nombres de dominio están asociados a la función localizadora que es propia de una dirección electrónica. Y su función es permitir vincular una serie de números con denominaciones que sean mucho más fáciles de recordar. Además de cumplir una función identificativa para diferenciar los servicios o productos que se ofrecen a través del nombre de dominio, al igual que lo hacen las marcas.[255]

Las situaciones de conflicto entre nombres de dominio y marcas son muy habituales. Si se accede a una página web y encuentre en ella productos falsificados, copias, imitaciones, productos o servicios similares, el derecho de marca permite a su titular prohibir el empleo como nombre de dominio por un tercero de la denominación protegida como marca. Pero para ello, se han de dar los siguientes requisitos: que el signo se utiliza en el tráfico económico, con ánimo de lucro y que genere en el consumidor confusión. De hecho el artículo 34.3.e) LM establece que "el contenido del derecho de marca incluye la facultad del titular de prohibir usar el signo en redes de comunicación telemáticas y como nombre de dominio".

Debido a que el coste del registro de un nombre de dominio es muy barato, pues, ha dado lugar a que hayan surgido registros abusivos con la única finalidad de: vender posteriormente el dominio a quien lo necesite de verdad y sacar un beneficio económico de ello; hacer competencia desleal al producto original, vendiendo falsificaciones, copias, imitaciones o productos similares; e incluso suplantando la identidad de la empresa titular de la marca y derechos de copyright al hacer creer al consumidor que está celebrando el contrato con la página web oficial, produciéndose en este último caso un delito de estafa informática recogido en el art. 248.2 del CP.

---

[255] *Véase* De Miguel Asensio, P. A., *Derecho…, op. cit.,* pág. 478.

La sentencia del Tribunal Supremo, de la Sala de lo Penal, de 16 de febrero de 2017, recoge un claro ejemplo de delito de estafa informática del art. 248.2 del CP. Dicha sentencia versa sobre lo siguiente:

- Los acusados, actúan principalmente desde Nigeria y España. Éstos decidieron aprovecharse del prestigio internacional de MAYASA, MINAS DE ALMADÉN Y ARRAYANES S.A, empresa española dedicada a la explotación y comercialización de mercurio, para obtener un beneficio económico injustificado, a cuyo efecto crearon el dominio www.mayasaespana.com, alojada en el Reino Unido.

  Éstos desarrollaron una página web a la que se accedía a través de dicho dominio, imitando el "estilo, diseño y contenido de la página web"[256] www.mayasa.es, eliminando los datos de contacto auténticos y sustituyéndolos por otros, de tal manera que cuando los clientes de MAYASA accedían por error a la página web www.mayasaespana.com, se les facilitaban teléfonos de contacto y direcciones de correo electrónico que correspondían a personas que actuaban conjuntamente con los que habían creado la falsa página web.

---

[256] Está suplantando la identidad del sitio web oficial utilizando su mismo *"Look and feel"*. Este es el aspecto de la web para el usuario y lo que siente cuando está navegando por ella. Y por ejemplo, los elementos que definen el *"look"* serían: la paleta de color, imágenes, diseño, opciones de fuente, estilo general. Mientras que los que definen el *"feel"* serían: el movimiento y la respuesta de los componentes dinámicos como menús desplegables, botones, formas y galerías; efectos de sonido; y la rapidez con la que las páginas y las imágenes se cargan. *Véase:* *http://www.somoscafeina.com/blog/que-es-el-look-and-feel-de-un-sitio-web-y-por-que-es-importante* *[Consulta 26 de junio de 2018].*

Los clientes de MAYASA, creyendo estar en contacto con empleados o agentes comerciales de dicha entidad, contactaron con personas que nada tenían que ver con la empresa, quienes, actuando en colaboración con los que habían creado la falsa página web, ofrecían partidas de mercurio a precios ventajosos, exigiendo que se remitiera a las cuentas por ellos designadas cantidades en efectivo por adelantado, en concepto de señal o como confirmación de los pedidos.

Los acusados se habían puesto de acuerdo con las personas que, desde Nigeria, crearon las páginas web en imitación de la original de MAYASA, formaban parte del grupo de personas encargadas de abrir las cuentas corrientes donde se producirían los ingresos y remitir posteriormente las cantidades obtenidas fuera del país, bien directamente mediante transferencias a empresas extranjeras, bien mediante sucesivas retiradas de dinero en efectivo, para su posterior reenvío al extranjero.

En conclusión, el Tribunal Supremo en dicho caso determina, en su FJ QUINTO, que se ha producido un delito continuado de estafa, de los arts. 248, 249, 250. 1. 5º y 74.2 del CP en base a los siguientes elementos:

1º) engaño precedente y concurrente;
2º) suficiencia del engaño;
3º) producción de un error esencial en los sujetos pasivos;
4º) un acto de disposición patrimonial con el consiguiente y correlativo perjuicio para el disponente, consecuencia del error y en definitiva del engaño desencadenante del mismo;
5º) ánimo de lucro, como elemento subjetivo del injusto;
6º) relación de causalidad entre el engaño provocado y el perjuicio experimentado.

Además de éstos elementos, también cumpliría con lo que establece el art. 248.2 a) CP, en lo referente a "valiéndose de una manipulación informática o artificio semejante, consiga una transferencia de patrimonio" en la que el consentimiento fuera viciado, al no informar de una manera adecuada la finalidad de dicho consentimiento.

Por lo que, tras analizar la anterior sentencia del Tribunal Supremo, podemos ver que es posible que se genere responsabilidad para quien tenga el propósito de beneficiarse de mala fe de una marca; y registre, use o comercie con un nombre de dominio que sea:

(I) idéntico a una marca o tan similar que puede inducir a confusión con ella o

(II) menoscaba la reputación de una marca notoria.[257]

Con lo que también sería una infracción del art. 34.2 b) de la Ley de Marcas, ya que genera un riesgo de confusión y asociación en el público debido a que no pueden diferenciar con claridad si están contratando con la empresa oficial o no.

Para solucionar las controversias referentes a los registros abusivos de los nombres de dominio, el titular de la marca puede acudir a un Arbitraje ante la OMPI. En 1999 la ICANN[258] puso en marcha un sistema de reclamación, bajo el nombre de Política Uniforme de Solución de Controversias en materia de nombres de dominio.[259] En la actualidad muchos Estados, incluido España aplican la Política Uniforme o procedimientos extrajudiciales inspirados en ella, con respecto a las controversias relativas a los nombres de dominio registrados bajo sus correspondientes dominios nacionales.[260]

---

[257] *Véase* De Miguel Asensio, P. A., *Derecho...*, *op. cit.*, pp. 534-537.

[258] Siglas en inglés de *Internet Corporation for Assigned Names and Numbers (ICANN).*

[259] Para más información acerca de los dominios de Internet, de la Política Uniforme de Solución de Controversias en materia de dominios del ICANN, y de cómo se ha de llevar a cabo el procedimiento de reclamación por Arbitraje *véase* De Miguel Asensio, P. A., *Derecho...*, *op. cit.*, pp. 476-529 y pp. 534-547.

[260] *Véase* De Miguel Asensio, P. A., *Derecho...*, *op. cit.*, pp. 485-488.

A la hora de acudir al Arbitraje ante la OMPI, en caso de controversias en materia de nombres de dominio, el demandante ha de probar en los fundamentos de derecho, tres elementos muy importantes, para que la reclamación prospere, en base a la Política uniforme para la resolución de conflictos en materia de nombres de dominio del ICANN:

- o 1º) la similitud entre el nombre de dominio y la marca del demandante (Política Uniforme, párrafo 4.a)i); Reglamento, párrafos 3.b)viii) y 3.b)ix)1)),

- o 2º) que el titular del nombre de dominio no tenga derechos o intereses legítimos sobre el nombre de dominio y la marca (Política Uniforme, párrafo 4.a)ii); Reglamento, párrafo 3 b)ix)2)), y

- o 3º) que el nombre de dominio haya sido registrado y se utiliza de mala fe (Política, párrafos 4.a)iii) y 4.b); Reglamento, párrafo 3 b)ix)3)).[261]

La empresa Andromedical S.L ya ha utilizado en dos ocasiones este procedimiento para solicitar que se le cedieran nombres de dominios registrados de forma abusiva (Caso nº. D2011-0313, Andromedical S.L v. Natural Logistics S.L, Andropenis Corp. USA, andropenis-sverige.com, andropenisdanmark.com, Naturmedical Corp.; y Caso nº. D2015-0474, Andromedical S.L v. Alfredo Inga/Roberto Antonio Chinchay García), y en ambos casos ha logrado ganar el Arbitraje.

Para un ejemplo más práctico de cómo se han de alegar los elementos mencionados, procederé a citar algunos puntos del Caso nº. D2015-0474, Andromedical S.L v. Alfredo Inga/Roberto Antonio Chinchay García:

"Alegaciones de las Partes

---

[261] Para una información más detallada acerca de estos tres elementos *Véase* De Miguel Asensio, P. A., *Derecho...*, *op. cit.*, pp. 496-510; y la Política Uniforme de Solución de Controversias disponible en: http://www.wipo.int/amc/es/domains/rules/; http://www.wipo.int/export/sites/www/amc/es/docs/icannpolicy.pdf (política Uniforme); https://www.icann.org/resources/pages/udrp-rules-2015-03-12-es (Reglamento); http://www.wipo.int/amc/es/domains/supplemental/eudrp/newrules.html (Reglamento adicional) [consulta: 4 enero 2016].

La parte demandante sostiene lo siguiente:

El nombre de dominio en disputa es idéntico o similar hasta el punto de la confusión con respecto a una marca sobre la que la Demandante tiene derechos. Como puede apreciarse, el nombre de dominio en disputa es absolutamente similar, salvada la identidad absoluta con la identificación de Perú. El hecho de que el nombre de dominio en disputa y la marca ANDROPENIS coincidan totalmente no puede sino crear una confusión absoluta a los consumidores. El mercado internacional de los extensores peneales es muy agresivo, existiendo un ingente número de copias del producto de la Demandante, casi único en dicho mercado internacional que cuenta con los siguientes méritos: certificado de calidad ISO 13485: 2003 de producto sanitario, y la 9001: 2008, numerosos estudios científicos y con el respaldo de un prestigioso Comité Médico. Todo esto evidencia la absoluta inversión en prestigio y posicionamiento de la marca de la Demandante, y el abuso de quien solicita un nombre de dominio con dicha marca, a sabiendas del prestigio y reconocimiento de la misma.

El Demandado no tiene derechos o intereses legítimos respecto del nombre de dominio en disputa. El Demandado ha realizado y realiza prácticas desleales, como aprovecharse de la marca ANDROPENIS para la venta de copias y falsificaciones. El Demandado carece de la licencia para el uso de la marca ANDROPENIS.

Además la Resolución n°. 2801-2013/CSD del Instituto Nacional de Defensa de la Competencia y de la Protección de la Propiedad Industrial del Perú (en adelante "INDECOPI") de fecha 2 de octubre de 2013, declara fundada la denuncia por infracción de derechos de propiedad industrial interpuesta por la Demandante Andromedical S.L, de España, contra Roberto Antonio Chinchay García, de Perú, en lo referido a las marcas ANDROPENIS en Perú de la Demandante. La Resolución n°. 4661-2014/TPI- INDECOPI de fecha 15 de diciembre de 2014 confirma el fallo dictado por la Resolución No 2801-2013/CSD- INDECOPI de fecha 2 de octubre de 2013.

El nombre de dominio en disputa ha sido registrado y se utiliza de mala fe. El Demandado de manera intencionada y mediante engaño atrae, con ánimo de lucro, usuarios de Internet a su sitio Web "www.andropenisperu.com" creando una situación de confusión a los consumidores, con la marca ANDROPENIS de la Demandante. En dicha página web el Demandado resalta en negrita la marca ANDROPENIS para describir su producto, por lo que el uso de esta marca mediante engaño, de manera intencionada, y con ánimo de lucro, importa mala fe por parte del Demandado.

Se destaca en este punto que en la Resolución nº. 4661-2014/TPI-INDECOPI (Anexo 22 de la Demanda) en relación al expediente nº. 519482-2013/DSD al que hace referencia el Anexo 2, en los antecedentes de hecho de dicha Resolución, se puede comprobar que durante la diligencia de inspección: Con fecha de 5 de noviembre de 2013, la aquí Demandante Andromedical S.L. solicitó que se dictara una medida cautelar de cese de uso de la denominación "andropenis" en el sitio web "www.andropenisperu.com", así como el cambio de nombre de dicha página, puesto que se utiliza dicha denominación como parte de su nombre.

Mediante la Resolución nº. 461-2014/TPI-INDECOPI de fecha 14 de Abril de 2014, la Sala Especializada en Propiedad Intelectual dictó contra el denunciado la medida cautelar consistente en el cese de uso de la denominación "andropenis", incluso dentro de la dirección de su página web, en forma aislada o conjuntamente con otros elementos, para distinguir publicidad vinculada con alargadores de pene, de la clase 10 de la Nomenclatura Oficial y servicios médicos de la clase 44 de la misma Nomenclatura.

La Resolución nº. 4661-2014/TPI-INDECOPI de fecha 15 de diciembre de 2014 en su apartado IV párrafo primero confirma el fallo dictado por la Resolución nº. 2801-2013/CSD-INDECOPI de fecha 2 de octubre de 2013; y en su párrafo segundo deja firme dicha resolución en todo lo demás que contiene. El párrafo cuarto de la decisión de la Comisión en la Resolución nº. 2801-2013/CSD-INDECOPI prohíbe a Chinchay García, Roberto Antonio, de Perú, el uso del signo infractor "andropenis" en forma aislada o conjuntamente con otros elementos e independientemente de los colores empleados, para distinguir alargadores de pene de la clase 10 de la Clasificación Internacional.

Lo dictado en ambas resoluciones aún no se ha cumplido, ya que el Demandado continúa usando la denominación ANDROPENIS en su página web "www.andropenisperu.com", tal y como demostró la Demandante en un pantallazo, aportado como Anexo 23 de la Demanda, de fecha 05 de marzo de 2015, lo que determina que con fecha posterior a la notificación de la Resolución n°. 46612014/TPI-INDECOPI de fecha 20 de enero de 2015, es decir, habiendo conocido la prohibición del uso de dicha denominación, continúa haciendo uso de la misma, y perjudicando económicamente a la Demandante.

Los hechos descritos constituyen mala fe.

Decisión

Por las razones expuestas, en conformidad con los párrafos 4.i) de la Política y 15 del Reglamento, el Experto ordena que el nombre de dominio en disputa <andropenisperu.com> sea transferido a la Demandante."[262]

Para complementar las medidas propuestas en el Capítulo 6 que acabamos de analizar, es recomendable acudir al artículo de la OMPI denominado <<Propiedad Intelectual y Comercio electrónico: Cómo proteger el sitio web de su empresa>>[263], escrito por Lien Verbauwhede Koglin. En este se señalan una serie de pautas que se han de seguir para ser previsor y proteger tu página web desde su diseño y uso. Los principales puntos a destacar son los siguientes:

a) Proteger los derechos de Propiedad Intelectual;

b) Hacer saber al público que el contenido está protegido;

c) Hacer saber al público qué uso puede hacer del contenido;

d) Controlar el acceso al contenido del sitio web de su empresa.

---

[262] Para ver cómo es una reclamación de Arbitraje en materia de nombres de dominio véase Anexo IV, referente a la resolución del Caso n°. D2015-0474, Andromedical S.L v. Alfredo Inga/Roberto Antonio Chinchay García.
[263] Disponible en: http://www.wipo.int:80/sme/es/documents/business_website.htm [consultado: 26 de junio de 2018].

A continuación citaré dichas medidas complementarias:

"Es necesario tomar algunas medidas de precaución para proteger el sitio Web de los usos abusivos, por ejemplo:

a) Proteger los derechos de Propiedad Intelectual

Si desde el primer momento su empresa no elabora estrategias adecuadas para proteger sus activos de P.I., corre el riesgo de perder todo derecho sobre los mismos. Por lo tanto, deberá:

- Registrar un nombre de dominio que sea fácil de utilizar y sea representativo de su marca o nombre comercial.
- Registrar su sitio Web y los elementos protegidos por derecho de autor.
- Tomar precauciones respecto de la divulgación de sus secretos comerciales. Asegurándose de que todos quienes posean informaciones de tipo confidencial (por ejemplo, los empleados, los contratistas de empresas de mantenimiento, las empresas que se ocupan del sistema central, los proveedores de servicios de Internet) firmen un acuerdo de confidencialidad.

b) Hacer saber al público que el contenido está protegido

Muchas personas dan por sentado que el material de los sitios Web pueden utilizarse libremente, por lo que conviene recordar a los usuarios que su empresa posee determinados derechos de P.I:

- Conviene que las marcas de la empresa lleven los símbolos ®, TM, SM u otros símbolos equivalentes. También es posible utilizar un aviso de derecho de autor (el símbolo ©, la palabra "Copyright" o la abreviatura "Copr."; el nombre del titular del derecho de autor y el año en que ha sido publicada por primera vez la obra) para alertar al público de que el material está protegido por derecho de autor.
- Otra posibilidad consiste en utilizar filigranas que incorporen la información sobre el derecho de autor en el propio contenido digital. Por ejemplo, puede crearse una filigrana en un archivo musical utilizando unos fragmentos de música para codificar determinada información relativa a la titularidad. La filigrana digital puede figurar de

forma manifiesta, como los avisos sobre derecho de autor que aparecen al margen de las fotografías; asimismo, puede estar incorporada en el documento, al igual que los documentos impresos en papel, o estar incorporada de manera que no pueda detectarse normalmente. Y únicamente pueda extraerse sabiendo cómo y dónde hay que buscarla. Las filigranas visibles son adecuadas como elemento disuasivo; las invisibles facilitan el rastreo de obras en Internet y sirven de prueba en caso de robo.

o También puede utilizarse una indicación de fecha y hora. Se trata de una etiqueta vinculada a un contenido digital que demuestra en qué estado se hallaba el contenido en un momento dado. La indicación de fecha y hora es útil ya que por lo demás resulta bastante sencillo modificar el contenido y las fechas de un documento digital de cuyo mantenimiento se ocupa el sistema operativo (por ejemplo, la fecha de creación y la de modificación). Cabe utilizar un mecanismo especializado de indicación de fecha y hora que dé fe de la información contenida en la etiqueta digital.

c) Hacer saber al público qué uso puede hacer del contenido

Como por ejemplo, considere incluir una advertencia en cada página del sitio Web explicando la postura de su empresa respecto al uso del sitio. De este modo los usuarios sabrán al menos qué usos están permitidos (por ejemplo, si pueden crear enlaces con el sitio, descargar e imprimir material del sitio y en qué condiciones), y con quién ponerse en contacto para obtener la autorización que corresponda.

d) Controlar el acceso al contenido del sitio Web de su empresa, así como su uso

Utilizando medidas tecnológicas de protección que limiten el acceso a las obras publicadas en el sitio Web de su empresa únicamente a los usuarios que acepten determinadas condiciones para utilizarlas o que hayan pagado por ello. Habitualmente se utilizan las técnicas que figuran a continuación:

o Los acuerdos incluidos en el sitio Web se utilizan frecuentemente para otorgar a los usuarios una licencia limitada de uso del contenido del sitio Web de su empresa o del contenido disponible a través de dicho sitio.

- Cifrado. Generalmente, los programas informáticos, los fonogramas y las obras audiovisuales pueden valerse del cifrado como protección contra los usos no autorizados. Cuando el cliente descarga un fichero de contenidos, un programa especial, que le pone en contacto con un organismo de gestión de los derechos para formalizar el pago, descifra el archivo y le asigna una "clave" individual, por ejemplo, una contraseña, para poder ver o escuchar el contenido.

- Control de acceso o sistemas de acceso condicional. Ese tipo de sistemas verifican la identidad del usuario, las identidades de los archivos de contenidos y los privilegios (de lectura, modificación, ejecución, etc.) que posee cada usuario en relación con cada archivo. Es posible configurar de muchas maneras el acceso al contenido electrónico del sitio Web de su empresa, de modo que el documento pueda visualizarse sin llegar a imprimirse, o bien sea utilizado únicamente durante un plazo limitado o esté vinculado exclusivamente a la computadora en la que se había descargado originalmente.

- Cabe difundir únicamente imágenes de calidad insuficiente para los usos supuestamente indebidos. Por ejemplo, su empresa puede publicar en el sitio Web imágenes que sean lo suficientemente detalladas para determinar si podrían ser utilizadas, por ejemplo, en un folleto publicitario, pero sin la calidad suficiente para poder ser reproducidas en una revista.

- Las huellas digitales, que son números de serie ocultos que permiten identificar a los clientes que han violado el acuerdo de licencia al suministrar la propiedad a terceros.

- O introducir errores en el documento a propósito, para probar de esta manera que el tercero copió de manera literal los documentos del titular de los derechos".

7.- RECOMENDACIÓN SOBRE CÓMO PROTEGER SUS DERECHOS EN INTERNET FRENTE A TERCEROS NO AUTORIZADOS

En este capítulo se dará un asesoramiento a Andromedical S.L acerca de la mejor forma de actuar en estos casos, y se contestará a las siguientes preguntas planteadas en el caso práctico: ¿Cuál sería la manera más rápida de eliminar el material infractor? y ¿Qué medida de protección es la más económica?

Hay que tener en cuenta que, en el caso planteado, no existe una única forma de luchar contra los infractores de los derechos protegidos. Sino que para dar una solución íntegra y eficaz al problema, se han de utilizar los diferentes mecanismos existentes, y sólo así se lograría proteger de una manera apropiada la marca y los derechos de autor frente a terceros no autorizados. Para ello le recomiendo a Andromedical S.L que siga los siguientes pasos:

(I)   Tener registrados todos los derechos sobre las marcas y derechos de autor de sus productos. Y principalmente en los mercados en donde éstos van a ser comercializados. Andromedical S.L ya tiene registrados éstos derechos, tal y como lo podemos comprobar en su página web.[264]

(II)   Realizar reclamaciones por infracción de los derechos de autor, propiedad de Andromedical S.L, en los principales buscadores, como por ejemplo Google, Bing y Yahoo!; en los Marketplace, como por ejemplo Amazon, eBay, Alibaba y DHgate; y en las redes sociales, como por ejemplo en Facebook y Twitter. Debido a que si el material infractor ya no aparece indexado en estos buscadores, pues, se reduciría en un gran porcentaje los potenciales compradores. Con lo que por esta medida, si el infractor vende otros productos diferentes a los de Andromedical S.L, le interesará retirar el contenido infractor, ya que en caso contrario, no aparecería en los principales buscadores mundiales. Desde que se ha descubierto las infracciones que se producen a través de Internet, por la venta falsificaciones y de imitaciones, el departamento legal de Andromedical S.L ha realizado ya, más de 20.000 bloqueos y eliminación de material infractor a nivel mundial.[265]

---

[264] Disponible en: http://www.andromedical.com/es/patents/ y http://www.andromedical.tv/old-pics.html [consultados: 5 enero 2017].
[265] Información disponible en:
https://www.google.com/transparencyreport/removals/copyright/searchdata/owners/?id=84067;
https://www.lumendatabase.org/notices/search?sort_by=&term=Andromedical&utf8=✓ ;
https://www.lumendatabase.org/notices/search?utf8=✓ &term=Andropenis&sort_by= ;
https://www.lumendatabase.org/notices/search?utf8=✓ &term=Androextender&sort_by=
[consultados: 5 enero 2017]

(III)   Realizar reclamaciones por infracción de los derechos sobre las marcas, en los siguientes casos:

> 1°) de los anuncios patrocinados, en los que aparezcan mencionadas las marcas de Andromedical S.L, tal como establece el servicio de Google AdWords analizado en el capítulo 5.1.1.1; y

> 2°) en los que ya se haya procedido a la denuncia por infracción de derechos de autor y aún persista en la web infractora contenido que haga referencia a las marcas o logotipos, tales como los siguientes "Andromedical, Andropenis, Androextender, Androvacuum".

(IV)   Y en caso de que surjan controversias en materia de nombres de dominio, pues, le recomendaría a Andromedical S.L que acuda a los procedimientos de Arbitraje para la recuperación de nombres de dominio, a través de la OMPI.

El departamento legal de Andromedical S.L ya ha acudido al procedimiento de Arbitraje para la recuperación de nombres de dominio en dos ocasiones:

- "Caso n°. D2011-0313, Andromedical S.L v. Natural Logistics S.L, Andropenis Corp. USA, andropenis-sverige.com, andropenisdanmark.com, Naturmedical Corp.; y

- Caso n°. D2015-0474, Andromedical S.L v. Alfredo Inga/Roberto Antonio Chinchay García". En ambos casos Andromedical S.L ha logrado recuperar los nombres de dominio solicitados.

La manera más rápida y económica de eliminar el material infractor en Internet es a través de los mecanismos extrajudiciales. Es decir, a través de cada uno de los pasos que se han analizado en el capítulo 6 y los recomendados en este capítulo. Las reclamaciones por infracción de los derechos de autor y de los derechos sobre la marca no suponen ningún gasto, en el sentido de que no hay que pagar ninguna tasa por ello, sino únicamente el coste de un empleado que lo esté gestionando, que incluso puede ser alguien externo, o una empresa que se dedique a ello.

Para que se hagan una idea, por ejemplo, el coste de un Arbitraje en materia de nombres de dominio es de 1.500 $[266], que es inferior a los costes que pueda llevar aparejado un juicio ante los tribunales. Además, debido al hecho de que en el caso de los nombres de dominio suelen darse controversias entre diferentes Estados, supondría unos costes más elevados por litigar en un idioma y en tribunales extranjeros. Y es probable que los proveedores de los nombres de dominio puedan estar ubicados en un tercer Estado, con la consecuencia de tener que dirigirse también a ese territorio en caso de conflicto. Por lo que si se acudiera a la vía judicial, los costes serían mucho más elevados.

---

[266] Disponible en: http://www.wipo.int/amc/es/domains/fees/ [Consulta: 5 enero 2017].

8.- CONCLUSIONES

I.- Como se ha visto a lo largo de esta obra, es muy importante determinar qué tribunales tienen la competencia judicial internacional y qué ley sería aplicable, en el caso de una reclamación por utilización ilegal de un signo distintivo o de un derecho de autor, en al ámbito de Internet. Ya que suelen ser cuestiones controvertidas, debido a las relaciones multilaterales que se dan en el entorno digital. Para ello se ha de tener en cuenta el capítulo 4 y en particular el apartado 4.3, en donde establece los criterios para fijar la **jurisdicción competente:**

- ✓ 1º) comprobar si existen competencias exclusivas en materia de propiedad industrial e intelectual (art. 24. 3 y 4 RBIbis);

- ✓ 2º) en caso de la existencia de una relación contractual con el infractor, habría que ver si hay sumisión expresa o tácita entre las partes, en base a los artículos 25 y 26 RBIbis;

- ✓ 3º) determinar dónde se encuentra el domicilio del demandado (arts. 4.1 RBIbis, 2 CL y 22 d LOPJ); y

- ✓ 4º) valorar el lugar en dónde se hubiera producido el daño o pudiera producirse (arts. 7.2 RBIbis y 22 quinquies apartado b LOPJ).

En cuanto a la **ley aplicable** se ha de estar a los siguientes criterios:

- ✓ 1º) la *lex loci protectionis,* es decir, el territorio para el que se reclama la protección (art. 8.1 RRII);

- ✓ 2º) la ley del país en el que se haya cometido la infracción, es decir, el mercado afectado y el lugar de origen del hecho causal (art. 8.2 RRII).

Además de éstos, tanto para fijar la competencia judicial internacional como la ley aplicable, se ha de estar al criterio de los vínculos más estrechos. Es decir, todos los indicios que permitan evidenciar una conexión mayor con un territorio concreto, como pueden ser:

- el idioma,
- la moneda,
- el nombre de dominio geográfico de la página web,
- direcciones e información de contacto,
- lugar en donde estén registrados los derechos de propiedad industrial o intelectual,
- lugar y sistema de entrega de mercancías o prestación de servicios,
- modo de pago,
- lugar en dónde se encuentre alojada la página web,
- domicilio del infractor.

Por otro lado, se ha de estar a lo que se establezca en cada una de las políticas internas de los buscadores, *Marketplace,* y redes sociales.

En la práctica, para las cuestiones relacionadas con el entorno digital, los criterios más utilizados son: el lugar de materialización del daño; los vínculos más estrechos; y en el caso de infracciones con respecto a los derechos de autor y marcas, las plataformas digitales suelen fijar tanto la competencia como el derecho aplicable en el lugar en donde se encuentre alojada la página web. Y por ejemplo, los principales servicios web utilizados a nivel mundial (como por ejemplo, Google, Bing, Amazon, eBay, Facebook, Twitter, entre otros), están alojados en EE.UU. Con lo que, en lo referente a las controversias surgidas en relación con las condiciones de sus políticas internas, se someten al territorio y legislación estadounidense (DMCA).

II.- Hay una mayor preocupación y necesidad por la búsqueda de nuevos mecanismos técnicos y jurídicos, que sean eficaces para la protección de los derechos de Propiedad Industrial e Intelectual, y que se adapten a los constantes cambios del entorno digital. No existe un único mecanismo para la protección de tales derechos, sino que para lograr una defensa integra se ha de combinar todos los mecanismos existentes. Empezando por los que supongan un menor coste para el empresario. Y en última instancia, si persiste en el mercado algún infractor que perjudique de manera relevante al titular de estos derechos, se procedería a la vía judicial.

- Se acudirá a los tribunales, siempre y cuando el beneficio esperado de acudir a la vía judicial, sean superiores a los costes que le pueda acarrear (incluido la dilación en el tiempo, que suponga al caso concreto). Si se acude a la vía judicial, es muy importante tomar medidas cautelares, para evitar así que se sigan produciendo daños y perjuicios al demandante.

III.- Debido a los constantes avances tecnológicos, al desarrollo del comercio electrónico, al alto nivel de internacionalización que es posible a través de Internet; y por otro lado, a la existencia de normas obsoletas al respecto, que no acompañan a estos avances, hacen que la protección de las Marcas y Derechos de Autor sea todo un reto para los propietarios de tales derechos.

Por ello, hay una necesidad cada vez más latente, por parte de los diferentes países de todo el mundo de crear un sistema o un departamento especializado en el entorno digital, para tratar todos estos temas con los menos formalismos posibles, para evitar así tanta dilación en el tiempo a la hora aprobar leyes que vayan dirigidas al ámbito de Internet. Y de esta manera, poder adaptarse más rápido a las nuevas tecnologías y afrontar de una forma más eficaz todas las nuevas controversias y delitos que se cometan a través de los servicios de la sociedad de la información.

ANEXOS

Anexo I.- Reclamación de marca comercial completa

¿Qué debo incluir al enviar una denuncia a Facebook en la que alegue la vulneración de mi marca comercial?

La forma más sencilla y rápida es rellenar un formulario que facilita Facebook en el siguiente enlace: https://www.facebook.com/help/contact/634636770043106.

Otra forma sería enviar un e-mail a un agente de Facebook con el siguiente contenido:

o Datos de contacto (nombre completo, dirección de correo y número de teléfono).

o Símbolo, palabra, etc. sobre el que se reclaman los derechos de marca comercial.

o Fundamentos en los que se argumenta la reclamación (por ejemplo, número del registro nacional), si corresponde.

o El país o jurisdicción donde se reclama los derechos.

o La categoría de bienes o servicios sobre los que se alega tener derechos.

o Información suficiente que permita localizar el material en Facebook que vulnere derechos de marca comercial. La forma más sencilla consiste en indicar las direcciones web (URL) que lleven de forma directa al contenido supuestamente infractor.

o Una explicación de los motivos por los que se creen que el contenido vulnera los derechos de marca comercial.

o En caso de no ser el titular de los derechos, se deberá aportar una aclaración de la relación existente con el propietario, por ejemplo si es un distribuidor que posee un contrato de exclusividad para un territorio determinado.

o Una declaración de que:

  ▪ Afirmas de buena fe que el modo en que se ha utilizado la marca comercial descrita más arriba no está autorizado por el titular de la marca, su agente o la legislación vigente;

- La información de esta notificación es correcta; y
- Una declaración, bajo pena de perjurio, de que eres el titular o tienes autorización para actuar en nombre del titular de una marca comercial que supuestamente se ha vulnerado.

o Y una firma electrónica o física.

Anexo II.- Reclamación por infracción de derechos de autor/copyright

Hola,

Le escribo en relación a los derechos de autor de <<indicar titular de los derechos y URL>>. El/los siguiente/s sitio/s web que ha hospedado sus servicios con usted no está autorizado a utilizar esos derechos: <<indicar URL infractora>>.

DNS (Domain Name System): ......<<es el número identificativo de cada página web>>.

Solicitamos la eliminación de nuestros derechos de autor de este sitio web. Porque no es un distribuidor de <<empresa titular>>. Adjunto el correo electrónico que se ha enviado al propietario del sitio web, solicitando la eliminación del material infractor.

Identificación del Material Infractor:

Las siguientes imágenes protegidas por derechos de autor han sido supuestamente copiadas de la obra protegida por derechos de autor.

Tenga en cuenta que estos son ejemplos flagrantes y obvios y no necesariamente son una lista completa de todas las violaciones alegadas. Requerimos que todas las presuntas violaciones de derechos de autor sean eliminadas del sitio web en cuestión. La responsabilidad incumbe al infractor de localizar y eliminar todas las presuntas violaciones de derechos de autor de la propiedad intelectual del reclamante.

Tenga en cuenta además que simplemente hacer algunos cambios (como cambiar un nombre o una dirección URL, reformular o reformatear algún texto) no es suficiente para eliminar los derechos del reclamante. Los supuestos materiales ofensivos (de la página web) deben ser retirados por completo. En caso de que no sea retirado, sería procedente el bloqueo de la web infractora.

Website: <<indicar URL infractora>>

El contenido exacto de esta URL que alegamos infringe nuestros derechos de autor en los siguientes términos, se trata de una imagen que se compone digitalmente de diferentes fotos, de las cuales algunas son propiedad de <<indicar titular de los derechos>>.

El contenido del copyright es la foto digitalmente modificada de <<descripción del producto o servicio que aparezca en la imagen del titular>> (indicar URL concreto de la imagen infractora). La imagen de este dispositivo está protegida por derechos de autor por <<indicar titular de los derechos>>, como su fabricante y desarrollador.

<u>Identificación de la Propiedad Intelectual del Titular del Derecho:</u>

Las obras de derechos de autor en cuestión son imágenes que aparecen en <<URL en donde estén alojados el copyright del titular>> y sus páginas relacionadas. La página en cuestión contiene los certificados de registro de derechos de autor claros y son propiedad intelectual de la reclamante.

Las páginas contienen las siguientes imágenes modificadas digitalmente infringiendo los derechos de autor de la reclamante:

- o <<Especificar la imagen protegida aportando la URL concreta de dicha imagen>>.

Las imágenes, fotografías e ilustraciones de los productos del <<indicar titular>> están protegidas por derechos de autor. Este copyright está debidamente registrado con cobertura mundial; su número de registro es <<indicar números de registro>> en la Oficina de Derechos de Autor de <<indicar país/es de registro>>, y en el Registro General de Propiedad Intelectual de <<indicar país>>.

También encontrará en los siguientes enlaces, muestras de fotografías de nuestros productos con derechos de autor:

- o <<indicar URL en donde se encuentran alojados el conjunto de imágenes protegidos por copyright propiedad del titular>>

<u>Información de Contacto del Propietario de Derechos de autor:</u>

Empresa
Nombre: ……….. del propietario de los Derechos……
Dirección: ………………………………
E-mail: legal@empresa.com
TLF: ……….

<u>Declaración de buena fe del Propietario de Derechos de Autor:</u>

Tengo la creencia de buena fe de que el uso de los materiales de copyright descritos anteriormente en las páginas web presuntamente infractoras no está autorizado por el propietario de los derechos de autor, su agente o la ley.

Juro, bajo pena de perjurio, que la información contenida en la notificación es exacta y que soy el titular de los derechos de autor o estoy autorizado a actuar en nombre del propietario de un derecho exclusivo que supuestamente se ha infringido.

Firmado en este día, [FECHA]

Firma….

Empresa….

Anexo III.- Reclamación por infracción de derechos sobre la marca, ante el proveedor del alojamiento web.

Hola,

Le escribo en relación a los derechos sobre las marcas de <<titular y URL del titular de los derechos sobre las Marcas>>. El/los siguiente/s sitio/s web que ha hospedado sus servicios con usted no está autorizado a utilizar esos derechos: <<URL infractora>>.

Como se puede ver en las respectivas páginas detalladas, se trata de <<describir producto o servicio>> vendidos por terceros, utilizando nuestras marcas registradas <<identificar las marcas concretas>> como palabras clave sin haber firmado una licencia válida para poder utilizarlos.

Sólo <<indicar titular>>, como propietario exclusivo de las marcas registradas <<identificar marcas concretas>>, está autorizada a utilizar las marcas registradas anteriormente. No se han firmado licencias para el uso de estas marcas a favor de: <<URL infractora>>.

Identificación de la Propiedad sobre las Marcas:

Las marcas, en cuestión, son los nombres: <<identificar marcas concretas>>. Los certificados de marca aparecen en <<identificar URL donde estén alojadas>> y sus páginas relacionadas. Las páginas en cuestión contienen certificados de registro de marcas claras y son propiedad intelectual del Reclamante.

Información de Contacto del Propietario de los Derechos sobre las Marcas:

Empresa…
Nombre: ……….. del propietario de los Derechos……
Dirección: ………………………………
E-mail: legal@empresa.com
TLF: ………..

Declaración de buena fe del Propietario de Derechos sobre las Marcas:

Tengo la creencia de buena fe que el uso, de los materiales de la marca registrada descritos anteriormente en las páginas web presuntamente infractoras, no está autorizado por el propietario de la marca comercial, su agente o la ley.

Juro, bajo pena de perjurio, que la información en la notificación es exacta y que soy el propietario de la Marca Registrada o estoy autorizado a actuar en nombre del propietario de un derecho exclusivo que presuntamente ha sido infringido.

Firmado en este día, [FECHA]

Firma….

Empresa…..

ARBITRATION
AND
MEDIATION CENTER

WIPO
WORLD
INTELLECTUAL PROPERTY
ORGANIZATION

DECISIÓN DEL PANEL ADMINISTRATIVO
Andromedical S.L. v. Alfredo Inga / Roberto Antonio Chinchay García
Caso Nº. D2015-0474

1. LAS PARTES

La Demandante es Andromedical S.L., de Majadahonda, España, representada por Eduardo Gómez de Diego, España.

El Demandado es Alfredo Inga / Roberto Antonio Chinchay García, de Lima, Perú.

2. El Nombre de Dominio y el Registrador

La Demanda tiene como objeto el nombre de dominio <andropenisperu.com>.

El Registrador del citado nombre de dominio es 1&1 Internet AG (el "Registrador").

3. Iter Procedimental

La Demanda se presentó ante el Centro de Arbitraje y Mediación de la OMPI (el "Centro") el 17 de marzo de 2015. El 18 de marzo de 2015 el Centro envió al Registrador, vía correo electrónico, una solicitud de verificación registral en relación con el nombre de dominio en disputa. El 20 de marzo de 2015 el Registrador envió al Centro, vía correo electrónico, información sobre el registrante y de contacto para el nombre de dominio en disputa, la que difería de la información sobre el Demandado designado y de la información de contacto contenidas en la Demanda. El 25 de marzo de 2015 el Centro envió a la Demandante, vía correo electrónico, una comunicación proporcionando la información sobre el registrante y de contacto dada a conocer por el Registrador, e invitando a la Demandante a presentar una enmienda a la Demanda. El 26 de marzo de 2015 la Demandante presentó una Demanda enmendada.

El Centro verificó que la Demanda junto con la Demanda enmendada satisfacía los requerimientos formales de la Política uniforme de solución de controversias en materia de nombres de dominio (la "Política"), el Reglamento de la Política uniforma de solución de controversias en materia de nombres de dominio (el "Reglamento"), y el Reglamento Adicional de la Política uniforme de solución de controversias en materia de nombres de dominio (el "Reglamento Adicional").

De conformidad con los párrafos 2.a) y 4.a) del Reglamento, el Centro notificó formalmente la Demanda al Demandado, dando comienzo al procedimiento el 31 de marzo de 2015. De conformidad con el párrafo 5.a) del Reglamento, el plazo para contestar a la Demanda se fijó para el 20 de abril de 2015. El Demandado no contestó a la Demanda. Por consiguiente, el 21 de abril de 2015 el Centro notificó al Demandado su falta de personación y ausencia de contestación a la Demanda.

El Centro nombró al Sr. Roberto Bianchi como miembro único del Grupo Administrativo de Expertos el 29 de abril de 2015, recibiendo la Declaración de Aceptación y de Imparcialidad e Independencia, en conformidad con el párrafo 7 del Reglamento. El Experto considera que su nombramiento se ajusta a las normas del procedimiento.

Conforme lo decidido por el Experto en el punto 6.A *infra*, el idioma del procedimiento es el castellano.

4. Antecedentes de Hecho

La Demandante es una compañía mercantil unipersonal constituida de acuerdo a las leyes de España.

La Demandante es titular de la marca ANDROPENIS en los siguientes países:

España: Registro N°. 2.501.204, concedida el 27 de marzo de 2003, para aparato médico para alargamiento de pene, de la clase internacional 10.

Estados Unidos de América ("EEUU"): Registro N°. 3.151.308, concedida el 3 de octubre de 2006, para productos de la clase internacional 10.

Marca Comunitaria: Registro N°. 005185434., concedida el 28 de enero de 2008, para productos de la clase internacional 10 y servicios de las clases internacionales 35 y 44.

China: Registro N°. 4263295, concedida el 14 de febrero de 2007 para productos de la clase internacional 10, y Registro N°. 4263293, concedida el 14 de mayo de 2008, para productos de la clase internacional 28.

Canadá: Registro N°. TMA7645.177, concedida el 14 de abril de 2010.

Perú: Registro N°. 192099, concedida el 27 de septiembre de 2012, solicitada el 13 de junio de 2012, para productos de la clase internacional 10; Registro N°. 73639, concedida el 27 de septiembre de 2012, solicitada el 13 de junio de 2012, para servicios de la clase internacional 35; y Registro N°. 73640, concedida el 27 de septiembre de 2012, solicitada el 13 de junio de 2012 para servicios de la clase internacional 44.

El nombre de dominio en disputa se registró el 7 de enero de 2012.

El 5 de mayo de 2015 el Experto se conectó mediante su programa buscador con el sitio web bajo el nombre de dominio en disputa, el que presenta como único contenido una página con el siguiente texto:

> "www.andropenisperu.com
> Este dominio está en subasta. Si estas interesado en este dominio, realiza una oferta vía este formulario. Última oferta de compra: US$ 5,320.
> Nombre o seudónimo.
> Teléfono.
> E-Mail
> Oferta de compra:
> O escribanos a: subasta@andropenisperu.com"

5. Alegaciones de las Partes

A. Demandante

En su Demanda, la Demandante sostiene lo siguiente:

El nombre de dominio en disputa es idéntico o similar hasta el punto de generar confusión con respecto a una marca sobre la que la Demandante tiene derechos. Como puede apreciarse, el nombre de dominio en disputa es absolutamente similar, salvada la identidad absoluta con la identificación de Perú. El hecho de que el nombre de dominio en disputa y la marca ANDROPENIS coincidan totalmente no puede sino crear una confusión absoluta a los consumidores.

El mercado internacional de los extensores peneales es muy agresivo, existiendo un ingente número de copias del producto de la Demandante, casi único en dicho mercado internacional que cuenta con los siguientes méritos: certificado de calidad ISO 13485: 2003 de producto sanitario, y la 9001: 2008, numerosos estudios científicos y con el respaldo de un prestigioso Comité Médico. Todo esto evidencia la absoluta inversión en prestigio y posicionamiento de la marca de la Demandante, y el abuso de quien solicita un nombre de dominio con dicha marca, a sabiendas del prestigio y reconocimiento de la misma.

El Demandado no tiene derechos o intereses legítimos respecto del nombre de dominio en disputa. El Demandado ha realizado y realiza prácticas desleales, como aprovecharse de la marca ANDROPENIS para la venta de copias y falsificaciones. El Demandado carece de la licencia para el uso de la marca ANDROPENIS.

Además la Resolución N°. 2801-2013/CSD del Instituto Nacional de Defensa de la Competencia y de la Protección de la Propiedad Industrial del Perú (en adelante "INDECOPI") de fecha 2 de octubre de 2013, declara fundada la denuncia por infracción de derechos de propiedad industrial interpuesta por la Demandante Andromedical S.L, de España, contra Roberto Antonio Chinchay García, de Perú, en lo referido a las marcas ANDROPENIS en Perú de la Demandante. La Resolución N°. 4661-2014/TPI-INDECOPI de fecha 15 de diciembre de 2014 confirma el fallo dictado por la Resolución N° 2801-2013/CSD-INDECOPI de fecha 2 de octubre de 2013.

El nombre de dominio en disputa ha sido registrado y se utiliza de mala fe. El Demandado de manera intencionada y mediante engaño atrae, con ánimo de lucro, usuarios de Internet a su sitio Web "www.andropenisperu.com" creando una situación de confusión a los consumidores, con la marca ANDROPENIS de la Demandante. En dicha página web el Demandado resalta en negrita la marca ANDROPENIS para describir su producto, por lo que el uso de esta marca mediante engaño, de manera intencionada, y con ánimo de lucro, importa mala fe por parte del Demandado.

Se destaca en este punto que en la Resolución N°. 4661-2014/TPI-INDECOPI (Anexo 22 de la Demanda) en relación al expediente N°. 519482-2013/DSD al que hace referencia el Anexo 2, en los antecedentes de hecho de dicha Resolución, se puede comprobar que durante la diligencia de inspección: Con fecha de 5 de noviembre de 2013, la aquí Demandante Andromedical S.L. solicitó que se dictara una medida cautelar de cese de uso de la denominación "andropenis" en el sitio web "www.andropenisperu.com", así como el cambio de nombre de dicha página, puesto que se utiliza dicha denominación como parte de su nombre.

Mediante la Resolución N°. 461-2014/TPI-INDECOPI de fecha 14 de Abril de 2014, la Sala Especializada en Propiedad Intelectual dictó contra el denunciado la medida cautelar consistente en el cese de uso de la denominación "andropenis", incluso dentro de la dirección de su página web, en forma aislada o conjuntamente con otros elementos, para distinguir publicidad vinculada con alargadores de pene, de la clase 10 de la Nomenclatura Oficial y servicios médicos de la clase 44 de la misma Nomenclatura.

La Resolución N°. 4661-2014/TPI-INDECOPI de fecha 15 de diciembre de 2014 en su apartado IV párrafo primero confirma el fallo dictado por la Resolución N°. 2801-2013/CSD-INDECOPI de fecha 2 de octubre de 2013; y en su párrafo segundo deja firme dicha resolución en todo lo demás que contiene. El párrafo cuarto de la decisión de la Comisión en la Resolución N°. 2801-2013/CSD-INDECOPI prohíbe a Chinchay García, Roberto Antonio, de Perú, el uso del signo infractor "andropenis" en forma aislada o conjuntamente con otros elementos e independientemente de los colores empleados, para distinguir alargadores de pene de la clase 10 de la Clasificación Internacional.

Lo dictado en ambas resoluciones aún no se ha cumplido, ya que el Demandado continúa usando la denominación ANDROPENIS en su página web "www.andropenisperu.com", tal y como demostró la Demandante en un pantallazo, aportado como Anexo 23 de la Demanda, de fecha 05 de marzo de 2015, lo que determina que con fecha posterior a la notificación de la Resolución N°. 46612014/TPI-INDECOPI de fecha 20 de enero de 2015, es decir, habiendo conocido la prohibición del uso de dicha denominación, continúa haciendo uso de la misma, y perjudicando económicamente a la Demandante.

Los hechos descritos constituyen mala fe.

B. Demandado

El Demandado no contestó a las alegaciones del Demandante.

6. Debate y Conclusiones

El párrafo 4(a) de la Política establece los siguientes requisitos para poder estimar una demanda:

(i) Que el nombre de dominio en disputa sea idéntico o similar hasta el punto de crear confusión con una marca de productos o servicios sobre la que la demandante tiene derechos;

(ii) Que la demandada carezca de derechos o intereses legítimos en relación con el nombre de dominio en disputa; y

(iii) Que el nombre de dominio en disputa haya sido registrado y se use de mala fe.

A. Cuestión preliminar: Idioma del procedimiento

En su Demanda, la Demandante declara que elige el idioma español para el presente procedimiento, y que ha presentado la Demanda en español por ser el idioma oficial de ambas partes, que por otra parte tienen domicilios en países de habla española.

Por su parte el Demandado no contestó a la Demanda, y en sus únicas comunicaciones en este procedimiento, dos correos electrónicos de fecha 27 de marzo de 2015, utilizó el castellano. Ver subsección B más abajo.

El Centro, teniendo en cuenta que el idioma del acuerdo de registro es el inglés, solicitó a las Partes que se pronunciaran al respecto. La Demandante decidió entonces presentar una traducción al inglés de la Demanda.

Si bien el acuerdo de registro está redactado en inglés, el Experto considera que en este procedimiento ambas partes han utilizado el castellano, que ambas residen en países donde el castellano es idioma oficial, y que la prueba existente en el expediente y los contenidos del sitio web bajo el nombre de dominio en disputa, inclusive la actual oferta de venta del nombre de dominio en disputa, están en castellano. Por ello, conforme lo faculta el párrafo 11(a) del Reglamento, el Experto decide que el idioma del procedimiento sea el castellano.

B. Cuestión preliminar: Identidad del Demandado

Originalmente la Demandante presentó la Demanda nombrando a Roberto Antonio Chinchay García como Demandado. El Centro envió entonces al Registrador una solicitud de verificación de datos relativos al nombre de dominio en disputa. El 20 de marzo de 2015 el Registrador respondió a la solicitud del Centro indicando que el registrante había solicitado anteriormente el servicio de privacidad que presta el Registrador, por lo que hasta ese momento aparecía como titular del nombre de dominio "1&1 Internet, inc." en la base de datos WhoIs. Al mismo tiempo el Registrador indicó que actualizaba los datos de WhoIs del nombre de dominio en disputa, de los que surgía que el nombre del registrante es Alfredo Inga. El mismo día el Centro comunicó al Demandante el nombre y los datos de contacto del registrante del nombre de dominio en disputa tal como los había recibido del Registrador, e invitó al Demandante a enmendar la Demanda con base en la nueva información relativa al registrante.

El 26 de marzo de 2015 el Demandante procedió a presentar una Demanda enmendada, en la que Alfredo Inga figura como Demandado, indicando que se enviaban copias al Demandado.

Con fecha 27 de marzo de 2015 el Centro recibió un correo electrónico del Sr. Inga con el siguiente texto: "en [SIC] nombre del propietario del dominio es Roberto Antonio Chinchay García."

El mismo día el Centro envió al Sr. Inga un correo electrónico de respuesta que dice: "Estimado Sr. Inga, Acusamos recibo de su email abajo y notamos su indicación del nombre del Titular, pero notamos que el nombre del Titular que aparece actualmente en el WhoIs (y que ha sido confirmado por el Registro) es 'Alfredo Inga.' Atentamente".

El Sr. Inga respondió el mismo día al Centro con un nuevo correo electrónico, con el siguiente texto: "Así es efectivamente, fue registrado por encargo de Roberto Antonio y su correo es [...]."

Teniendo en cuenta estos elementos el Experto considera que corresponde considerar como Demandado tanto al Sr. Inga como a la persona de quien dice haber recibido el encargo de registrarlo, y por cuenta de la cual lo hizo, el Sr. Chinchay García, quien es el que se beneficia (*beneficial holder*) del nombre de dominio en cuestión.

El Experto considera por tanto que debe indicarse como Demandado a "Alfredo Inga / Roberto Antonio Chinchay García".

C. Identidad o similitud hasta el punto de causar confusión

Mediante la presentación de copias de los respectivos títulos de marca, la Demandante ha probado a satisfacción del Experto sus derechos marcarios sobre la marca ANDROPENIS en varias jurisdicciones. Ver sección 4 *supra*. El Experto nota que el nombre de dominio en disputa contiene la marca ANDROPENIS en su integridad, a la que se ha adicionado el término "peru" (que por razones técnicas se escribe en minúscula y sin tilde sobre la "u"), y el dominio genérico de nivel superior ".com".

El Experto, en coincidencia con numerosos grupos de expertos anteriores, considera que tales agregados no alcanzan para distinguir al nombre de dominio en disputa de la marca de la Demandante. Ver *InfoSpace.com, Inc. c. Hari Prakash*, Caso OMPI Nº. D2000-0076 (la mera adición de la palabra "India" es insuficiente para distinguir al nombre de dominio de las marcas de la demandante, dado que muy probablemente parece haberse hecho para inducir a usuarios de Internet a creer que se han conectado con el sitio de un afiliado indio o con algún tipo de "operación india" del demandante); ver también *Advance Magazine Publishers Inc. c. Vanilla Limited/ Domain Finance Ltd./ Minakumari Periasany*, Caso OMPI Nº. D2004-1068 (la adición de un modificador geográfico tal como en <floridavogue.com> no elimina ni reduce en modo alguno la probable confusión que surge del registro del nombre de dominio).

El Experto concluye que el nombre de dominio en disputa es similar hasta el punto de la confusión con la marca ANDROPENIS de la Demandante.

D. Derechos o Intereses Legítimos

Está bien establecido por los expertos que aplican la Política que es carga del demandante crear al menos una presunción o caso *prima facie* de que el demandado carece de todo derecho o interés legítimo sobre el nombre de dominio en disputa. Una vez que el demandante cumple con esa carga, toca entonces al demandado presentar alegaciones y evidencia de que tiene, al menos, algún derecho o interés legítimo en relación al nombre de dominio en disputa.

La Demandante sostiene que el Demandado carece de derechos o intereses legítimos respecto del nombre de dominio en disputa, que el Demandado ha realizado y realiza prácticas de todo punto desleales, como aprovecharse de la marca ANDROPENIS para la venta de copias y falsificaciones, y que carece de la licencia para el uso de la marca ANDROPENIS. El Experto nota en particular el Anexo 20 a la Demanda en el que figuran las características de los productos no auténticos ofrecidos por el Demandado como prolongadores "andropenis", de lo que el Experto concluye que no puede ser aplicable el párrafo 4(c)(i) de la Política, ya que en el sitio web bajo el nombre de dominio en disputa el Demandado no está haciendo un ofrecimiento de buena fe porque según surge del análisis de comparación del producto original con el ofrecido en el sitio web bajo el nombre de dominio en disputa, este último es una imitación o falsificación del primero. Por otra parte, en el mencionado sitio web el Demandado no ofrece exclusivamente los productos distinguidos con la marca de la Demandante, sino también otros que no lo están. Por último, el sitio web bajo el nombre de dominio en disputa no revela en forma precisa y prominente (ni de ninguna otra manera) la relación del titular del nombre de dominio en disputa con el titular de la marca ANDROPENIS. Ver Sinopsis de las opiniones de los grupos de expertos de la OMPI sobre cuestiones relacionadas con la Política UDRP, segunda edición, ("Sinopsis elaborada por la OMPI 2.0"), párrafo 2.3.

El Experto considera que el párrafo 4(c)(ii) de la Política tampoco resulta aplicable, ya que según la información de que se dispone el Demandado se llama "Alfredo Inga" o "Roberto Antonio Chinchay García". Por otra parte, el Demandado utiliza el sitio web bajo el nombre de dominio en disputa para ofrecer bajo la marca ANDROPENIS de la Demandante productos no auténticos, lo que no califica como uso leal o no comercial conforme al párrafo 4(c)(iii) de la Política.

Finalmente, se destaca que el Demandado ni ha contestado formalmente a la Demanda, ni ha aportado algún elemento que pudiera resultarle favorable.

Por las razones que anteceden, el Experto considera que el Demandado carece de derechos o intereses legítimos respecto al nombre de dominio en disputa.

E. Registro y uso del nombre de dominio de mala fe

El Experto nota que el nombre de dominio en disputa se registró en enero de 2012, es decir antes que la Demandante solicitara el registro de la marca ANDROPENIS en el Perú, país de residencia del Demandado. Sin embargo, también se observa que la Demandante tenía registrada su marca ANDROPENIS en otras jurisdicciones desde varios años antes del registro del nombre de dominio en disputa: en España desde marzo de 2003, en EEUU desde octubre de 2006, en la Unión Europea (marca comunitaria) desde enero de 2008, en China desde febrero de 2007, y en Canadá desde abril de 2010. Ver sección 4 *supra*.

Por otra parte, la Demandante también es titular del nombre de dominio <andropenis.com> desde abril de 2002, y opera el sitio web "www.andropenis.com", en el que se ofrece el prolongador peneal ANDROPENIS desde varios años antes del registro del nombre de dominio en disputa, según lo registra la Wayback Machine del sitio web "www.archive.org, visitado el 9 de mayo de 2015 por el Experto. Por todo ello parece muy poco probable que el Demandado, que ofrece para la venta prolongadores peneales, ignorara la existencia previa de la marca ANDROPENIS de la Demandante, de modo que resulta razonable concluir que el Demandado la conocía y tuvo en mira al registrar el nombre de dominio en disputa. En las circunstancias del caso, ello constituye registro de mala fe.

Al respecto el Experto considera que aunque el procedimiento ante INDECOPI se refiere exclusivamente a la infracción por parte de Roberto Chinchay las marcas peruanas Registro Nºs. 192099 y 73640, y no explícitamente a las marcas que la Demandante había registrado anteriormente en otras jurisdicciones (ver sección 4 supra) de todos modos las actuaciones ante INDECOPI han permitido constatar que el Demandado utilizó indebidamente la marca ANDROPENIS de propiedad de la Demandante, y que entre otras cosas para esa utilización indebida se valió del sitio web "www.andropenisperu.com", y por tanto del nombre de dominio en disputa. Debe destacarse que las marcas ANDROPENIS que la Demandante ha registrado en Perú son idénticas y protegen las mismas clases que las registradas por la Demandante en las otras jurisdicciones.

Por lo tanto el Experto considera que el Demandado, al utilizar el nombre de dominio en disputa, ha intentado de manera intencionada atraer, con ánimo de lucro, usuarios de Internet a su sitio web, creando la posibilidad de que exista confusión con la marca de la Demandante en cuanto a la fuente, patrocinio, afiliación o promoción de su sitio web o de un producto o servicio que figure en su sitio web, lo que es una circunstancia de registro y uso de mala fe conforme al párrafo 4(b)(iv) de la Política.

Por último, en opinión del Experto, la actual supresión de todo contenido en el sitio web bajo el nombre de dominio en disputa, y su reemplazo por un aviso de puesta en venta del nombre de dominio en disputa (ver sección 4 *supra*, *in fine*) por una suma aparentemente mayor a USD 5.320 significa que el Demandado no contempla ningún otro uso del nombre de dominio en disputa si no es para obtener provecho de la marca de la Demandante, lo que es evidencia adicional de mala fe.

7. Decisión

Por las razones expuestas, en conformidad con los párrafos 4.i) de la Política y 15 del Reglamento, el Experto ordena que el nombre de dominio en disputa <andropenisperu.com> sea transferido a la Demandante.

Roberto Bianchi
Experto Único
Fecha: 11 de mayo de 2015

BIBLIOGRAFÍA

Manuales:

Akdeniz, C., *The Return of Yahoo!: How Marissa Mayer did it*, Ed. Paperback, 2015.

Alonso Palma, Á. L., *Propiedad Intelectual y Derecho Audiovisual*, Ed. CEF, 2015, pp. 138-140.

Bercovitz Rodríguez-Cano, R., Garrote Fernández-Díez, I., González Gonzalo, A., y Sánchez Aristi, R., *Las reformas de la Ley de Propiedad Intelectual*, Valencia, 2006.

Bilton, N., *La verdadera historia de Twitter*, Ed. Ediciones Gestión 2000, 2014.

Brad, S., *La Tienda de los Sueños: Jeff Bezos y la era de Amazon,* Ed. Anaya Multimedia, 2014.

Calvo Caravaca, A.L., Carrascosa González, J., *Derecho Internacional Privado*, volumen II, Ed. Comares, 2016, pág. 1254.

Carlson, N., *Marissa Mayer and The Fight to Save Yahoo!,* Ed. Paperback, 2016.

David .A., y Malseed, M., *La historia de Google: Los secretos del mayor éxito empresarial mediático y tecnológico de nuestro tiempo*, Ed. La Esfera de los Libros, 2006.

De Miguel Asensio, P. A., *Derecho Privado de Internet*, 5ª Edición, Ed. *Aranzadi S.A,* Pamplona, 2015:

- Signos distintivos y nombres de dominios, pp. 476-485.
- Rasgos básicos de la Política uniforme de la ICANN, pp. 488-495.
- Interpretación de los criterios sustantivos de la Política de la ICANN, pp. 496-510.
- Empleo de signos como nombres de dominio, pp. 534-547.
- Empleo de palabras clave en servicios publicitarios: las *AdWords* de Google, pp. 547-560.
- Competencia judicial internacional, alcance y eficacia de las medidas de protección, derecho aplicable, procedimientos extrajudiciales sobre

nombres de dominio y jurisdicciones estatales, en materia de propiedad industrial, pp. 596-642.

- Contenido de los derechos de propiedad intelectual, pp. 705-724.
- Régimen jurídico de los buscadores, pp. 768-779.
- Tutela transfronteriza de la propiedad intelectual: aspectos procesales, pp. 836-848.
- Régimen jurídico aplicable a los derechos de propiedad intelectual, pp. 850-862.

Esteve González, L., *Aspectos internacionales de la infracciones de derechos de autor en Internet*, Ed. Comares, Granada, 2006, pp. 5-12.

Fernández Novoa, C., *Fundamentos de Derecho de Marcas*, Ed. Montecorvo, 2002, pp. 197-264.

Fernández Rozas, J. C., Arenas García, R., y De Miguel Asensio, P. A., *Derecho de los Negocios Internacionales*, Quinta edición, Ed. Iustel Portal Derecho, Madrid, 2016:

- Funciones de la marca, pág. 84.
- Registro Internacional de marcas en base al Arreglo de Madrid, pp. 101-102.
- Competencia judicial internacional en materia de propiedad industrial en intelectual, pp. 112-121 y 150-152.
- Derecho aplicable en cuanto a la propiedad industrial e intelectual, pp. 122-126 y 152-155.

Fiscor, M., *The Law of Copyright and the Internet (The 1996 WIPO Treaties Interpretation and Implementation)*, Oxford, OUP, 2002.

García Vidal, A., *Derecho de marcas e Internet*, Ed. Tirant lo Blanch, Valencia, 2002, pp. 206-207.

Gómez Sánchez, D., *La infracción de la marca comunitaria. Problemas de coexistencia con los Derechos nacionales*, Ed. Marcial Pons, 2011, pp. 263-280.

Kirkpatrick, D., *El efecto Facebook: La verdadera historia de la empresa que está cambiando el mundo,* Ed. Ediciones Gestión 2000, 2011.

Mezrich, B., *Multimillonarios por accidente: El nacimiento de Facebook*, Ed. Alienta, 2010.

Nick, B., *Hatching Twitter: A true Story of Money, Power, Friendship and Betrayal (traducción "Incubando a Twitter: Una historia real de dinero, poder, amistad y traición")*, Ed. Kindle, 2014.

OHLY, A., Kennzeichenkonflikte im Internet, Ed. S. Leible, p. 143.

Pérez Iglesias, M., Google, Ed. Bresca, 2012; y Suarez Sánchez-Ocaña, A., *Desnudando a Google: la inquietante realidad que no quieren que conozcas*, Ed. Deusto S.A Ediciones, 2012.

Reinbothe, J., y Von Lewinski, S., *The WIPO Treaties 1996. The WIPO Copyright Treaty Commentary and Legal Analysis*, Butterworths Lexis Nexis, London, 2002.

Rogel Vide, C., *Estudios Completos de Propiedad Intelectual*, Ed. Reus S.A, 2003, pp. 475 y ss.

Sánchez Calero, F., y Sánchez-Calero Guillarte, J., *Instituciones de Derecho Mercantil*, 37ª Edición, Ed. Aranzadi, Navarra, Vol. I, 2015:

- Concepto de marca, pp. 279-280.
- Clasificación de las marcas, pp. 280-281.

Suarez Sánchez-Ocaña, A., *Desnudando a Google: la inquietante realidad que no quieren que conozcas*, Ed. Deusto S.A Ediciones, 2012.

Temiño Ceniceros, I., *El Plagio en el Derecho de Autor,* 1ª Edición, Ed. Aranzadi S.A, Navarra, 2015.

Vela Zancada, A., *#El Libro de Twitter*, Ed. Alcalá Grupo Editorial, 2016.

Zurdo Saiz, D., Acevedo, F., y Sicilia, A., *Buscadores de Internet*, Ed. S.A Ediciones Paraninfo, 1998.

Revistas, anuarios, monografías y trabajos de investigación:

Casas Vallés, R., "La Ley de Propiedad Intelectual en España. Incidencia tecnológica en la utilización y explotación de las obras", *Estudios de derecho judicial*, n°. 129, 2007, pp. 11-48.

Casas Vallés, R., "La transposición de la Directiva 2001/29/CE en España", *Universidad Oberta de Cataluña,* 2004, pp. 1-21.

D Peeler, C., "From the providence of Kings to copyright things", *Indiana Int'l & Comp. L. Rev.* vol. 9, 1999, pp. 423 y ss.

De Miguel Asensio, P. A, "La lex loci protectionis tras el Reglamento Roma II", *AEDIPr,* 2007, pp. 375-406.

Esteve González, L., "La protección internacional de la propiedad intelectual (derechos de autor y conexos) en el contexto digital: QuoVadis", *UAIPIT,* 1 de julio 2010.

Fernández Masiá, E., "La protección internacional de las marcas notorias y renombradas", *Revista Electrónica de Estudios Internacionales (REEI)*, n°. 2, 2001.

García Mirete, C.Mª., "La Adaptación de las bases de datos electrónicas internacionales al Principio de territorialidad: El mercado afectado", *Tesis Doctoral, Universidad de Alicante*, 2012, pp. 314-315.

García Vidal, A., "La reforma del derecho europeo de marcas (II): cambios en la regulación de la marca de la Unión Europea", *Análisis GA&P*, abril 2016.

García Vidal, A., "La reforma del derecho europeo de marcas (I): principales novedades introducidas por la Directiva UE n°. 2436/2015 (DOUE L 336, de 23 de diciembre del 2015)". *Análisis GA&P*, febrero 2016.

Gómez Sánchez, D., "La reforma del sistema europeo de marcas: principales modificaciones introducidas por el nuevo Reglamento de Marcas de la Unión Europea", *Revista CEFI*, núm. 77, enero-abril 2016, pp. 69-96.

Harold Cole, J., "Propiedad intelectual: comentarios sobre algunas tendencias recientes", *Revista Empresa y Humanismo*, Vol. 6, nº. 1, 2003, pp. 42-48.

"La Marca Comunitaria", *IMPIVA,* Guía nº. 5, Edición de abril 2002, Propiedad Industrial.

López-Tarruella Martínez, A., "La ley aplicable a la propiedad industrial e intelectual en la Propuesta de Reglamento Roma II", *Gaceta Jurídica de la Unión Europea y de la Competencia,* núm. 235, enero-febrero 2005, pp. 23-43.

Michael A. Geist, Is There a There There – "Toward Greater Certainty for Internet Jurisdiction", *Berkeley Technology Law Journal*, vol. 16, 1345, septiembre 2001, pp.1345-1407.

Palao Moreno, G., "La protección de los derechos de propiedad intelectual en Europa: el artículo 8 del Reglamento Roma II", *RJDE*, 2008.

Vinje, T.C., "El nuevo Tratado de la OMPI sobre los Derechos de autor", *RGD*, núm. 642, 1998, pp. 2339-2352.

Jurisprudencia:

Asunto *Playboy Enters., Inc. v. Netscape Comms. Corp.,* (9th Cir. 2004, 354 F.3d 1020).

Caso nº. D2015-0474, Andromedical S.L v. Alfredo Inga/Roberto Antonio Chinchay García.

Caso nº. D2011-0313, Andromedical S.L v. Natural Logistics S.L, Andropenis Corp. USA, andropenis-sverige.com, andropenisdanmark.com, Naturmedical Corp.

Sentencia del Juzgado de lo Mercantil nº 6 de Barcelona, de 12/01/2017, recurso nº 666/2016, número de resolución 15/2018, referente las páginas web infractoras de derechos de propiedad intelectual, HDFULL y REPELIS.

STJCE de 16 de julio de 2009, C-5/08, *Infopaq*.

STJCE de 28 de abril de 2005, C-31/04, *Comisión vs./c. Reino de España*.

STJUE de 22 de enero de 2015, C-441/13, Hejduk.

STJUE de 3 de abril de 2014, C-387/12, *Hi Hotel HCF*.

STJUE de 3 de octubre de 2013, C-170/12, *Pinckney*.

STJUE de 21 de junio de 2012, C-5/11, *Titus Alexander Jochen Donner*.

STJUE 19 abril 2012, C-523/10, *Wintersteiger*.

STJUE de 22 de septiembre de 2011, C-323/09, *Interflora*.

STJUE de 12 de julio de 2011, C-324/09, *L'Oréal*.

STJUE de 23 de marzo de 2010, C-236/08 a C-238/08, *Google France y Google*.

STJUE de 8 de julio de 2010, C-558/08, *Portakabin*.

STJUE de 11 de septiembre de 2007, C-17/06, *Celine*.

STJUE de 12 de diciembre de 2002, C-273/00, *Sieckmann*.

STJUE de 21 de noviembre del 2002, C-23/01, *Robelco*.

STJUE de 12 de noviembre del 2002, C-206/01, *Arsenal*.

STJUE de 14 de mayo del 2002, C-2/00, *Hölterhoff*.

STJUE de 13 de septiembre de 2001, C-89/99, *Schieving-Nijstad*.

STJUE de 14 de diciembre de 2000, C-300/98 y C-392/98, *Dior*.

STJUE de 23 de febrero de 1999, C-63/97, *BMW*.

STS 620/2016, de 26 de febrero (Recurso 264/2014).

STS de 3 de abril de 2012 (Recurso 2037/2008).

STS de octubre de 1997 (RJ 1997, 7586).

STS, 483/2017, Sala de lo Penal, de 16 de febrero de 2017 (Recurso 1245/2016).

Normativa:

España. Ley 39/2015 de Procedimiento administrativo Común de las Administraciones, a realizar la tramitación por la vía telemática (BOE núm. 236, de 2 de octubre de 2015).

España. Ley 21/2014, de 4 de noviembre, introduce importantes modificaciones con respecto al alcance de ciertos límites de los derechos de propiedad intelectual (BOE núm. 268, de 5 de noviembre de 2014).

España. Ley 23/2006, de 7 de julio, incorpora la Directiva 2001/29/CE, referente a la armonización de determinados aspectos de los derechos de autor y los derechos afines a éstos, en la sociedad de la información (BOE núm. 162, de 8 de julio de 2006).

España. Ley 19/2006, de 5 de junio, que incorpora la Directiva 2004/48/CE, en la cual se amplían los medios de tutela de los derechos de propiedad intelectual e industrial (BOE núm. 134, de 6 de junio de 2006).

España. Ley 17/2001, de 7 de diciembre, de Marcas (BOE núm. 294, de 8 de diciembre de 2001).

España. Ley Orgánica 6/1985, de 1 de julio, del Poder Judicial (BOE núm. 157, de 2 de julio de 1985). Reformada en 2015 por la Ley Orgánica 7/2015, de 21 de julio, que ha modificado el art. 22 de la LOPJ (BOE núm. 174, de 22 de julio de 2015).

España. Real Decreto 281/2003, de 7 de marzo, por el que se aprueba el Reglamento del Registro General de la Propiedad Intelectual (BOE núm. 75, de 28 de marzo de 2003).

España. Real Decreto 687/2002, de 12 de julio, por el que se aprueba el Reglamento para la ejecución de la Ley de Marcas (BOE núm. 167, de 13 de julio de 2002).

España. Real Decreto Legislativo 1/1996, de 12 de abril, por el que se aprueba el texto refundido de la Ley de Propiedad Intelectual (BOE núm. 97, de 22 de abril de 1996).

Estados Unidos. *Digital Millennium Copyright Act,* de 28 de octubre de 1998, P.L. 105-304. Título 17 del Código de los Estados Unidos, Sección 512.

Unión Europea. Convenio de Lugano, de 15 de octubre de 2007, relativo a la competencia judicial, el reconocimiento y la ejecución de resoluciones judiciales en materia civil y mercantil. DOUE núm. 339, de 21 de diciembre de 2007.

Unión Europea. Directiva 2006/114/CE, de 12 de diciembre de 2006, sobre la publicidad engañosa y publicidad comparativa.

Unión Europea. Directiva 2004/48/CE, de 29 de abril de 2004, relativa al respeto de los derechos de propiedad intelectual. DOUE L 157 de 30 de abril de 2004.

Unión Europea. Directiva 2001/29/CE del Parlamento Europeo y del Consejo, de 22 de mayo de 2001. DOCE L 167 de 22 de junio de 2001.

Unión Europea. Directiva n°. 2436/2015 del Parlamento Europeo y del Consejo, de 16 de diciembre, relativa a la aproximación de las legislaciones de los Estados miembros en materia de marcas. DOUE L 336, de 23 de diciembre del 2015.

Unión Europea. Reglamento CE n°. 207/2009 de la Marca Comunitaria, de 26 de febrero de 2009.

Unión Europea. Reglamento CE n° 864/2007 del Parlamento y del Consejo, de 11 de julio de 2007, relativo a la ley aplicable a las obligaciones extracontractuales. DOUE L 199 de 31 de julio de 2007.

Unión Europea. Reglamento UE n°. 2424/2015 del Parlamento Europeo y del Consejo, de 16 de diciembre de 2015, por el que se modifica el Reglamento CE n°. 207/2009, de 26 de febrero de 2009, sobre la Marca Comunitaria y el Reglamento CE n°. 2868/95 de la Comisión, por el que se establecen normas de ejecución del Reglamento CE n° 40/94 del Consejo sobre la marca comunitaria, y se deroga el Reglamento CE n°. 2869/95 de la Comisión, relativo a las tasas que se han de abonar a la Oficina de Armonización del Mercado Interior (marcas, diseños y modelos). DOUE L 341 de 24 de diciembre de 2015.

Unión Europea. Reglamento UE n° 1215/2012 del Parlamento Europeo y del Consejo, de 12 de diciembre de 2012, relativo a la competencia judicial, el reconocimiento y la ejecución de resoluciones judiciales en material civil y mercantil. DOUE L 351 de 20 de diciembre de 2012.

Internacional. Acuerdo sobre los aspectos de los Derechos de Propiedad Intelectual relacionados con el Comercio, hechos en Marrakech el 15 de Abril de 1994 (ADPIC). Ratificado por España el 30 de diciembre de 1994 (BOE núm. 20 de 24 de enero de 1995, vigencia desde el 1 de enero de 1995).

Internacional. Arreglo de Madrid relativo al registro internacional de marcas, de 14 de abril de 1891, revisado en Estocolmo el 14 de julio de 1967 y modificado el 28 de septiembre de 1979. La revisión de Estocolmo fue ratificada el 6 de marzo de 1979 (BOE núm. 147, de 20 de junio de 1979). Y su Protocolo concerniente al Arreglo de Madrid relativo al Registro Internacional de Marcas, adoptado el 27 de junio de 1989.

Internacional. Convenio de Berna para la Protección de las Obras Literarias y Artísticas, del 9 de septiembre de 1886, revisado en Paris el 24 de julio de 1971. Ha sido ratificado por España el 2 de julio de 1974, (BOE núm. 81, de 4 de abril de 1974 y núm. 260 de 30 de octubre de 1974).

Internacional. Convenio de la Unión de París para la protección de la propiedad industria, del 20 de marzo de 1883, revisado en Estocolmo en 1967 y ratificado por España en 1974, (BOE núm. 26, de 30 de enero de 1974).

Internacional. Política uniforme para la resolución de conflictos en materia de nombres de dominio del ICANN, aprobada el 24 de octubre de 1999.

Internacional. Recomendación conjunta relativa a la protección de las marcas y otros derechos de propiedad industrial sobre signos en Internet, de 18 de junio de 2001, adoptada por la Asamblea de la Unión de París y la Asamblea General de la OMPI.

Internacional. Tratado de la OMPI sobre Derecho de Autor, de 20 de diciembre de 1996 (BOE núm. 148, de 18 de junio de 2010, 9638).

Internacional. Tratado de la OMPI sobre interpretación, ejecución y fonogramas (BOE núm. 148, de 18 de junio de 2010, 9639).

WEBGRAFÍA

*Nota: La Webgrafía está ordenada en función de la fecha en la que se ha consultado cada enlace.

Informe realizado por la OCDE y la EUIPO referente al "Comercio de los productos falsificados y pirateados, y su impacto económico en los diferentes países del mundo", de abril de 2016. Disponible en: https://euipo.europa.eu/tunnel-web/secure/webdav/guest/document_library/observatory/documents/Mapping_the_Economic_Impact_study/Mapping_the_Economic_Impact_en.pdf [Consulta: 9 septiembre 2016].

Breve resumen del Informe realizado por OCDE y la EUIPO, antes citado, disponible en: http://www.abc.es/economia/abci-falsificaciones-cuando-barato-sale-caro-201604250126_noticia.html [Consulta: 9 septiembre 2016].

Patentes, marcas y derechos de autor de Andromedical S.L, disponible en: www.andromedical.com/es/patents/; http://www.andromedical.tv/old-pics.htm [Consulta: 11 septiembre 2016].

Fernández Masiá, E., "La protección internacional de las marcas notorias y renombradas", *Revista Electrónica de Estudios Internacionales (REEI)*, nº. 2, 2001, disponible en: https://dialnet.unirioja.es/servlet/articulo?codigo=826761 y en www.reei.org [consulta: 13 septiembre 2016].

"El Sistema de Madrid para el Registro Internacional de Marcas, informe de 2011, realizado por la OMPI", disponible en la sección de publicaciones: http://www.wipo.int/edocs/pubdocs/es/marks/940/wipo_pub_940_2011.pdf; y la "Reseña anual del Sistema de Madrid: Registros internacionales de marcas, OMPI, 2013", disponible en la sección de publicaciones: http://www.wipo.int/edocs/pubdocs/es/marks/940/wipo_pub_940_2013.pdf [consulta: 14 septiembre 2016].

"La Marca Comunitaria", *IMPIVA,* Guía nº. 5, Edición de abril 2002, Propiedad Industrial, disponible en: http://www.ivace.es/index.php?option=com_content&view=article&id=391:cole ccie-guias&catid=75:noticias1&lang=es [consulta: 16 septiembre 2016].

García Vidal, A., "La reforma del derecho europeo de marcas (II): cambios en la regulación de la marca de la Unión Europea", *Análisis GA&P,* abril 2016, disponible en la sección de conocimiento de Gómez-Acebo & Pombo: http://www.gomezacebo-pombo.com/media/k2/attachments/la-reforma-del-derecho-europeo-de-marcas-ii-cambios-en-la-regulacion-de-la-marca-de-la-union-europea.pdf [consulta: 17 septiembre 2016].

García Vidal, A., "La reforma del derecho europeo de marcas (I): principales novedades introducidas por la Directiva UE n°. 2436/2015 (DOUE L 336, de 23 de diciembre del 2015)". *Análisis GA&P*, febrero 2016, disponible en la sección de conocimiento de Gómez-Acebo & Pombo: http://www.gomezacebo-pombo.com/media/k2/attachments/la-reforma-del-derecho-europeo-de-marcas-i-principales-novedades-introducidas-por-la-directiva-ue-2015-2436.pdf [consulta: 18 septiembre 2016].

Países miembros del Convenio de Berna, de 9 de septiembre de 1886, disponible en: www.wipo.int [consulta: 20 septiembre 2016].

Países miembros de la OMC, disponible en: https://www.wto.org/spanish/thewto_s/whatis_s/tif_s/org6_s.htm [Consulta: 23 septiembre 2016].

"Tratado de la OMPI sobre Derecho de Autor y Tratado de la OMPI sobre Interpretación o Ejecución y Fonogramas", disponible en: http://documentostics.com/documentos/tratados_OMPI.pdf [consulta: 30 septiembre 2016].

Casas Vallés, R., "La transposición de la Directiva 2001/29/CE en España", *Universidad Oberta de Cataluña,* 2004, pp. 1-21, disponible en: http://www.uoc.edu/dt/esp/casas1204.pdf [consulta: 4 octubre 2016].

Costes que supone acudir a juicio: https://capitalibre.com/2016/09/cuanto-cuesta-ir-a-juicio-costas-procesales [consulta: 6 octubre 2016].

Diferentes mecanismos extrajudiciales aplicables al ámbito civil: http://www.elmundo.es/economia/2016/02/26/56cf2ddbe2704e0b628b45c8.html y http://www.elderecho.com/actualidad/entrevistas/Cualquier-juicio-cuesta-euros-UE_14_408445001.html [consulta: 6 octubre 2016].

Michael A. Geist, Is There a There There – "Toward Greater Certainty for Internet Jurisdiction", *Berkeley Technology Law Journal*, vol. 16, 1345, septiembre 2001, pp.1345-1407. Disponible en: http://scholarship.law.berkeley.edu/cgi/viewcontent.cgi?article=1331&context=btlj [consulta: 7 octubre 2016].

STJUE, de 3 de octubre de 2013, C-170/12, *Pinckney,* disponible en: http://curia.europa.eu/juris/document/document.jsf?docid=142613&doclang=ES [Consulta: 9 octubre 2016].

STJUE, 19 abril 2012, C 523/10, *Wintersteiger,* disponible en: http://curia.europa.eu/juris/document/document.jsf?tex%20t=&docid=121744& pageIndex=0&doclang=ES&mode%20=lst&dir=&occ=first&part=1&cid=74055 9 [Consulta: 11 octubre 2016].

STJUE de 22 de enero de 2015, C-441/13, *Hejduk,* disponible en: http://curia.europa.eu/juris/document/document.jsf?docid=161611&doclang=E S [Consulta: 14 octubre 2016].

STJUE de 3 de abril de 2014, C-387/12, *Hi Hotel HCF*, disponible: http://curia.europa.eu/juris/document/document.jsf?text=&docid=150288&pag eIndex=0&doclang=ES&mode=lst&dir=&occ=first&part=1&cid=47405 [Consulta: 18 octubre 2016].

Esteve González, L., "La protección internacional de la propiedad intelectual (derechos de autor y conexos) en el contexto digital: QuoVadis", *UAIPIT,* 1 de julio 2010, disponible en sección de publicaciones: http://www.uaipit.com/files/publicaciones/1280388015_LYDIA_ESTEVE_-_PI_-_QUO_VADIS-01.07.2010.pdf [Consulta: 25 octubre 2016].

Recomendación conjunta relativa a la protección de las marcas y otros derechos de propiedad industrial sobre signos en Internet, 18 de junio de 2001, adoptada por la Asamblea de la Unión de París y la Asamblea General de la OMPI. Disponible en: https://www.google.es/url?sa=t&rct=j&q=&esrc=s&source=web&cd=2&ved=0a hUKEwiAy6bVp7fRAhWJxxQKHUdVAuQQFgggMAE&url=http%3A%2F%2Fw ww.wipo.int%2Fedocs%2Fmdocs%2Fgovbody%2Fes%2Fa_36%2Fa_36_8.d oc&usg=AFQjCNFuTpRnwLxrdXby0C5arergdjcOxQ&bvm=bv.143423383,d.d 24 [Consulta: 29 octubre 2016].

García Mirete, C.Mª., "La Adaptación de las bases de datos electrónicas internacionales al Principio de territorialidad: El mercado afectado", *Tesis Doctoral, Universidad de Alicante*, 2012, pp. 314-315. Disponible en la sección de publicaciones: https://rua.ua.es/dspace/bitstream/10045/24427/1/Tesis_Garcia%20Mirete.pdf [Consulta: 1 noviembre 2016].

STJUE de 21 de junio de 2012, C-5/11, *Titus Alexander Jochen Donner,* disponible en: http://curia.europa.eu/juris/document/document_print.jsf;jsessionid=9ea7d2dc 30d5b3c69c87e2bb4813ad9787c9abc113fd.e34KaxiLc3qMb40Rch0SaxuNbh 90?doclang=ES&text=&pageIndex=0&part=1&mode=DOC&docid=124189&oc c=first&dir=&cid=192710 [Consulta: 8 noviembre 2016].

Definición de buscador o motor de búsqueda, disponible en: http://www.definicionabc.com/tecnologia/buscador.php [consulta: 15 noviembre 2016].

Huerta Martínez, M. D., "Historia de los buscadores", publicado 11 de enero de 2011, disponible en: http://culturainformatica.es/articulos/historia-de-los-buscadores/?format=pdf [consulta: 18 noviembre 2016].

Biografía de Larry Page, disponible en: https://es.wikipedia.org/wiki/Larry_Page [consulta: 22 noviembre 2016].

Biografía de Serguéi Brin, disponible en: https://es.wikipedia.org/wiki/Serguéi_Brin [consulta: 22 noviembre 2016].

Protección de las marcas en Google AdWords, disponible en: https://support.google.com/adwordspolicy/answer/2562124 [consulta: 24 noviembre 2016].

Términos y condiciones de AdWords, disponible en: https://billing.google.com/payments/termsandconditionsfinder?hostOrigin=aH R0cHM6Ly9iaWxsaW5nLmdvb2dsZS5jb206NDM2OQ [Consulta: 24 noviembre 2016].

Protección de las marcas comerciales en Google AdWords, disponible en: https://support.google.com/adwordspolicy/answer/6118 [consulta: 25 noviembre 2016].

Política de Google AdWords en cuanto a las falsificaciones, disponible en: https://support.google.com/adwordspolicy/answer/176017?hl=es [consulta: 27 noviembre 2016].

Formulario para denunciar una falsificación, disponible en: http://services.google.com/inquiry/aw_counterfeit [consulta: 27 noviembre 2016].

Política de Google en cuanto a los derechos de autor, disponible en: https://support.google.com/legal/answer/3463239?hl=es&ref_topic=4558877 [consulta: 28 noviembre 2016].

Material protegido por derecho de autor según Google, disponible en: https://support.google.com/adsense/answer/1348688?hl=es; https://www.youtube.com/watch?v=3ocGFz6uExM [consulta: 28 noviembre 2016].

Condiciones de servicio de Google, disponible en: http://www.google.com/intl/es-419/policies/terms/ [consulta: 29 noviembre 2016].

"Entrevista a Steve Ballmer CEO Bing", disponible en: http://allthingsd.com/20090528/d7-interview-steve-ballmer/ [consulta: 30 noviembre 2016].

Definición de tecnología semántica en el entorno de Internet, disponible en: http://ontotext.com/knowledgehub/fundamentals/semantic-web-technology/ [consulta: 30 noviembre 2016].

Historia de Bing, disponible en: https://es.wikipedia.org/wiki/Bing y http://posicionamientoenbuscadoreswebseo.es/toreando-a-google-3/toreando-a-google-introduccion/breve-historia-de-los-buscadores/ [consulta: 30 noviembre 2016].

Contrato de Servicios de Microsoft, disponible en: https://www.microsoft.com/es-es/servicesagreement/ [consulta: 30 noviembre 2016].

Uso de los Servicios de Microsoft, disponible en: https://www.microsoft.com/en-us/legal/intellectualproperty/copyright/default.aspx [consulta: 30 noviembre 2016].

Denuncia por infracción de derechos de autor en Microsoft, disponible en: https://www.microsoft.com/info/MSDMCA.aspx [consulta: 2 diciembre 2016].

Biografía de Jerry Yang, disponible en: https://en.wikipedia.org/wiki/Jerry_Yang; https://inversian.com/biografia-jerry-yang/ [consulta: 2 diciembre 2016].

Biografía de David Filo, disponible en: https://en.wikipedia.org/wiki/David_Filo [consulta: 2 diciembre 2016].

Hackeo de 500 millones de cuentas, disponible en: https://actualidad.rt.com/actualidad/219450-yahoo-filtracion-masiva-datos-usuarios [consulta: 2 diciembre 2016].

Hackeo de 1.000 millones de cuentas, disponible en: http://www.elconfidencial.com/tecnologia/2016-12-14/yahoo-hackeo-internet-seguridad-informatica_1304213/ [consulta: 2 diciembre 2016].

Caída de Yahoo!, disponible en: http://www.lavanguardia.com/tecnologia/20160726/403467043493/yahoo-verizon-compra-caida-google.html; http://www.expansion.com/economia-digital/companias/2016/07/30/579b4690ca4741a31a8b4623.html [consulta: 2 diciembre 2016].

Más detalles acerca de la historia de Yahoo!, disponible en: https://es.wikipedia.org/wiki/Yahoo! [consulta: 2 diciembre 2016].

Retraso de la venta de Yahoo! a Verizon al segundo trimestre de 2017, disponible en: http://www.ticbeat.com/tecnologias/yahoo-retrasa-la-venta-a-verizon-hasta-el-segundo-trimestre-de-2017/ [consulta: 2 diciembre 2016].

Condiciones de Servicio de Yahoo!, disponibles en: https://policies.yahoo.com/ie/es/yahoo/terms/utos/index.htm [consulta: 4 diciembre 2016].

Procedimiento de protección de la propiedad intelectual e industrial en Yahoo!, disponible en: https://policies.yahoo.com/ie/es/yahoo/ip/index.htm [consulta: 4 diciembre 2016].

Información más detallada acerca de los diferentes tipos de *Marketplace* y de sus ventajas e inconvenientes, disponible en: https://uvadoc.uva.es/bitstream/10324/5942/1/TFG-O%20174.pdf; http://www.cea.es/upload/ebusiness/modelos.pdf; http://marketing4ecommerce.net/marketplace-5-ventajas-5-inconvenientes-para-ecommerce/ [consulta: 4 diciembre 2016].

Biografía de Jeffrey Bezoz, disponible en: https://es.wikipedia.org/wiki/Jeff_Bezos [consulta: 5 diciembre 2016].

Índice BrandZ, disponible en: http://wppbaz.com/admin/uploads/files/BZ_Global_2016_Report.pdf; http://wppbaz.com/charting/19; http://www.millwardbrown.com/docs/default-source/global-brandz-downloads/global/financial-times_brandz-2016-global-top-100_supplement.pdf [consulta: 7 diciembre 2016].

Historia de Amazon desde sus inicios, disponible en: http://www.xataka.com/historia-tecnologica/amazon-un-gigante-con-luces-y-sombras [consulta: 7 diciembre 2016].

Condiciones de uso de Amazon, formularios, disponible en: https://www.amazon.es/gp/help/customer/display.html/ref=footer_cou?ie=UTF8&nodeId=200545940; https://www.amazon.es/gp/help/reports/infringemen; https://sellercentral.amazon.es; https://www.amazon.es [consulta: 7diciembre 2016].

Plataforma alternativa de resolución de conflictos de Amazon, disponible en: https://webgate.ec.europa.eu/odr/ [consulta: 9 diciembre 2016].

Biografía de Pierre Omidyar, disponible en: https://es.wikipedia.org/wiki/Pierre_Omidyar [consulta 9 diciembre 2016].

Biografías de Meg Whiyman, disponible en: https://es.wikipedia.org/wiki/Meg_Whitman [consulta: 9 diciembre 2016].

Condiciones de Uso de eBay, disponible en: http://pages.ebay.es/help/policies/user-agreement.html [consulta: 9 diciembre 2016].

Programa VeRO de eBay, disponible en: http://pages.ebay.es/vero/index.html; http://pages.ebay.es/vero/notice.html [consulta: 10 diciembre 2016].

Derechos de *copyright* en eBay, disponible en: http://pages.ebay.es/help/sell/copyrights.html [Consulta: 10 diciembre 2016].

Biografía de Jack Ma, disponible en: https://www.gooali.com/blogs/aliexpress/82661636-jack-ma-su-inspiradora-historia [consulta: 11 diciembre 2016].

"La salida a Bolsa de Alibaba es ya la mayor de la historia", *Expansión,* 22 de septiembre de 2014, disponible en siguiente enlace: http://www.expansion.com/2014/09/22/mercados/1411383126.html [consulta: 11 diciembre 2016].

Productos sobre los que se prohíbe su comercialización en Alibaba.com y AliExpress.com, disponible en: http://rule.alibaba.com/rule/detail/2047.htm?spm=a271m.8038972.0.0.IYwavK #a31 [consulta: 11 diciembre 2016].

Términos de Uso de Alibaba y AliExpress, disponible en: https://rule.alibaba.com/rule/detail/4265.htm?spm=2114.11040108.0.0.IPnQGr [consulta: 13 diciembre 2016].

Política de Protección de Derechos de Propiedad Intelectual de Alibaba, disponible en: http://rule.alibaba.com/rule/detail/2049.htm?spm=a271m.8038972.0.0.fhkCyl [consulta: 13 diciembre 2016].

Penalizaciones de Alibaba y AliExpress, disponible en: http://rule.alibaba.com/rule/detail/2043.htm?spm=a271m.8038972.0.0.37rC6S ; http://activities.aliexpress.com/adcms/help-aliexpress-com/ipr_penalty.php?spm=a271m.8038972.0.0.37rC6S [consulta: 13 diciembre 2016].

Información más detallada de Diane Wang, disponible en: https://www.weforum.org/people/diane-wang/ y https://cn.linkedin.com/in/wangdiane [consulta: 14 diciembre 2016].

Expansión de DHgate a España, disponible en: http://www.eleconomista.es/emprendedores-pymes/noticias/7615105/06/16/La-pyme-no-puede-recluirse-en-el-mercado-domestico-debe-salir-a-vender-al-exterior.html y http://www.capital.es/2016/06/17/diane-wang-la-empresaria-que-quiere-abrir-las-puertas-de-china-a-las-pymes-espanolas/ [consulta: 14 diciembre 2016].

Términos de Uso de DHgate, disponible en: http://help.dhgate.com/help/buyer_about_usen.php?catpid=g7 [consulta: 14 diciembre 2016].

Defensa de los derechos de propiedad industrial e intelectual: http://brand.dhgate.com/usr/sign.do [consulta: 14 diciembre 2016].

Pasos a seguir para la defensa de los derechos en DHgate, disponible en: https://www.artistic-license.org/takedowns/dhgate-takedown-process/ [consulta: 14 diciembre 2016].

Acerca del servicio de Austreme, disponible en: http://www.prnewswire.com/news-releases/dhgate-combats-counterfeits-with-austremes-marketplace-content-monitoring-solution-300227530.html; http://www.austreme.com/marketplace_content_monitoring.html [consulta: 16 diciembre 2016].

Biografía de Mark Zuckerberg, disponible en: http://www.biografiasyvidas.com/biografia/z/zuckerberg.htm [consulta: 16 diciembre 2016].

Condiciones de Servicio de Facebook, disponible en: https://www.facebook.com/legal/terms [consulta: 17 diciembre 2016].

Protección de los derechos de Propiedad Intelectual e Industrial en Facebook, disponible en: : https://www.facebook.com/help/399224883474207; https://www.facebook.com/help/249141925204375?helpref=page_contenthttp s://www.facebook.com/help/contact/208282075858952; https://www.facebook.com/help/231463960277847?helpref=faq_content; https://www.facebook.com/help/223752991080711?helpref=page_contenthttp s://www.facebook.com/help/303715969677454?helpref=page_content [consulta: 18 diciembre 2016].

Términos de Servicio de Twitter, disponible en: https://twitter.com/tos?lang=es [consulta: 22 diciembre 2016].

Política de Propiedad Intelectual e Industrial Twitter, disponible en: https://support.twitter.com/articles/15795; https://support.twitter.com/articles/20170921; https://support.twitter.com/articles/72689; https://support.twitter.com/articles/20171029; https://support.twitter.com/forms/trademark [consulta: 22 diciembre 2016].

Formulario de reclamación por infracción de derecho de autor, disponible en: https://support.twitter.com/forms/dmca [consulta: 22 diciembre 2016].

Doctrina del *Fair Use* aplicado por *Twitter:* https://support.twitter.com/articles/20171959 [consulta: 22 diciembre 2016].

Productos falsificados y formulario de denuncia en Twitter, disponible en: https://support.twitter.com/articles/20171217?lang=es; https://support.twitter.com/forms/counterfeit [consulta: 23 diciembre 2016].

Formulario, tasas y vía telemática, para el registro de marcas en España, disponible en: https://www.oepm.es/es/propiedad_industrial/formularios/las_marcas_y_los_n ombres_comerciales/marca_nacional/; https://www.oepm.es/export/sites/oepm/comun/documentos_relacionados/Tas as/Tasas_SignosDistintivos_2016.pdf; https://sede.mcu.gob.es/rpi4/webpages/publico/direccion.seam y https://tramites2.oepm.es/solemar_n/ [consulta: 29 diciembre 2016].

Registro telemático y tasas, de la Marca de la UE, disponible en: https://euipo.europa.eu/ohimportal/es/apply-now y https://euipo.europa.eu/ohimportal/es/fees-and-payments [consulta: 2 enero 2017].

Registro Internacional, a través del Arreglo de Madrid, disponible:
http://www.wipo.int/madrid/es/how_madrid_works.html;
http://www.wipo.int/madrid/es/how_to/file/requirements.html;
http://www.wipo.int/madrid/es/how_to/file/file.html;
http://www.wipo.int/madrid/es/forms;
https://sede.oepm.gob.es/eSede/es/index.html [consulta: 2 enero 2017].

Registro de derecho de propiedad intelectual a través de Internet o presencialmente en España, disponible en:
https://sede.mcu.gob.es/rpi4/webpages/publico/direccion.seam;
https://sede.mcu.gob.es/rpi4/webpages/publico/presentacion.seam;
https://sede.mcu.gob.es/rpi4/webpages/publico/preguntasFrecuentes.seam;htt
ps://sede.mcu.gob.es/rpi4/webpages/publico/requisitosTecnicos.seam;
http://www.mecd.gob.es/cultura-mecd/areas-
cultura/propiedadintelectual/registro-de-la-propiedad-intelectual/solicitudes-de-
inscripcion/tasas.html;
https://gestionesytramites.madrid.org/cs/Satellite?c=CM_Tramite_FA&cid=110
9168965651&noMostrarML=true&pageid=1255430110037&pagename=Servic
iosAE%2FCM_Tramite_FA%2FPSAE_fichaTramite&vest=1255430062097
[consultados: 3 enero 2017].

Política Uniforme de Solución de Controversias en materia de nombres de dominio de la ICANN, disponible en:
http://www.wipo.int/amc/es/domains/rules/;
http://www.wipo.int/export/sites/www/amc/es/docs/icannpolicy.pdf (política Uniforme); https://www.icann.org/resources/pages/udrp-rules-2015-03-12-es (Reglamento);
http://www.wipo.int/amc/es/domains/supplemental/eudrp/newrules.html
(Reglamento adicional) [consulta: 4 enero 2016].

Infracciones de derechos de autor eliminadas por parte del departamento de Andromedical S.L, disponible en:
https://www.google.com/transparencyreport/removals/copyright/searchdata/ow
ners/?id=84067;
https://www.lumendatabase.org/notices/search?sort_by=&term=Andromedical
&utf8=✓ ;
https://www.lumendatabase.org/notices/search?utf8=✓&term=Andropenis&so
rt_by=;
https://www.lumendatabase.org/notices/search?utf8=✓&term=Androextender
&sort_by= [consultados: 5 enero 2017].

Coste de un Arbitraje en materia de nombres de dominios en la OMPI, disponible en: http://www.wipo.int/amc/es/domains/fees/ [Consulta: 5 enero 2017].

Artículo referente a qué es el *"look and feel"* Disponible en: http://www.somoscafeina.com/blog/que-es-el-look-and-feel-de-un-sitio-web-y-por-que-es-importante [Consulta: 26 de junio de 2018].

Artículo de la OMPI/WIPO sobre <<Propiedad Intelectual y Comercio electrónico: Cómo proteger el sitio web de su empresa>>. Disponible en: http://www.wipo.int:80/sme/es/documents/business_website.htm [consultado: 26 de junio de 2018].

Países miembros del Convenio de la Unión de París, de 20 de marzo de 1883, disponible en: http://www.wipo.int/treaties/es/ShowResults.jsp?treaty_id=2 [consulta: 28 julio 2018].

Países miembros del Arreglo de Madrid y de su protocolo, disponible en: http://www.wipo.int/treaties/es/ShowResults.jsp?lang=es&treaty_id=21 y http://www.wipo.int/treaties/es/ShowResults.jsp?lang=es&treaty_id=8 [consulta: 30 julio 2018].

Países miembros del Tratado de la OMPI sobre Derecho de Autor, disponible en: http://www.wipo.int/treaties/es/ShowResults.jsp?lang=es&treaty_id=16 [consulta: 3 agosto 2018].

Ranking mundial de buscadores, disponible en: http://buscadores-web.com [consulta: 5 agosto 2018].

Últimas noticias sobre cómo terminaron las negociaciones de la compra de Yahoo! Por Verizon, disponible en: https://cincodias.elpais.com/cincodias/2017/02/21/tecnologia/1487698227_076411.html; https://www.elespanol.com/economia/empresas/20170613/223478133_0.html; http://www.elfinanciero.com.mx/tech/entre-hackeos-asi-fue-la-compra-de-yahoo; http://www.eleconomista.es/tecnologia/noticias/8427253/06/17/Verizon-completa-la-compra-de-Yahoo-por-3997-millones.html [consulta: 5 agosto 2018].

www.ingramcontent.com/pod-product-compliance
Lightning Source LLC
Chambersburg PA
CBHW081720220526
45468CB00008B/1915